WILLIAMS-SONOMA

DIE KOCHSCHULE

Gemüse

Chefredakteur
CHUCK WILLIAMS

Rezepte
DEBORAH MADISON

Fotografien
TUCKER & HOSSLER

Bassermann

Inhalt

Über dieses Buch

Die Kochschule Gemüse führt Sie mit illustrierten Schritt-für-Schritt-Anleitungen an alle Arbeitsgänge rund um die Zubereitung von frischem Gemüse heran. Von der Auswahl über das Putzen und Zerkleinern bis zum Garen wird alles leicht verständlich erklärt.

Gemüse gehört zu den vielseitigsten Kochzutaten überhaupt. So individuell jede Gemüsesorte in Form, Farbe und Konsistenz ist – sei es knackige rote oder gelbe Paprika, mehlig kochende goldgelbe Kartoffeln oder zarter, grüner Blattspinat – so vielseitig sind auch die Zubereitungsarten. Gemüse kann man nicht nur kochen, sondern auch dämpfen, dünsten, sautieren, pfannenrühren, rösten und backen. Viele Hobbyköche greifen allerdings immer wieder auf dieselbe Gartechnik zurück. Meistens heißt das: in Wasser kochen und in Butter schwenken. Seien Sie experimentierfreudig und entdecken Sie, wie viel wohlschmeckender Gemüse sein kann, wenn es auf verschiedene Weise gegart und gewürzt wird.

Dieses Buch stellt Ihnen zahlreiche Gemüsesorten vor und informiert Sie über ihre Erntezeit und die ideale Zubereitungsart. Anschließend werden Sie anhand von Grundrezepten an die vier wichtigsten Garmethoden herangeführt: das Dämpfen, Dünsten, Sautieren und Rösten. Es folgen Beschreibungen der Grundtechniken beim Putzen und Zerkleinern von Gemüse, die Ihnen sowohl mit anschaulichen Bildern als auch mit erläuternden Texten näher gebracht werden. Die abschließenden Rezeptkapitel widmen sich jeweils einer Garmethode, durch die Sie Sicherheit bei der Zubereitung von Gemüse erlangen sollen.

Wenn Sie sich einmal durch die Rezepte gekocht haben, werden Sie künftig für jede Gemüsesorte problemlos die ideale Zubereitungsart finden.

Aufbau der Rezepte

Gemüse ist gesund und sollte am besten frisch zubereitet werden. Doch wie palt man frische Erbsen, wie lange müssen sie kochen und wie wird frischer Fenchel verarbeitet? Dieses Buch beantwortet alle Fragen, die Sie rund um die Zubereitung von frischem Gemüse haben, und erklärt alles: vom Schälen einer Rübe über das Würfeln einer Schalotte bis zum Füllen einer Tomate.

Die Rezepte in diesem Buch bauen aufeinander auf und erleichtern Ihnen damit den Einstieg in die vielfältige Welt der Gemüsezubereitung. Jedes der vier Rezeptkapitel behandelt ausführlich eine der klassischen Garmethoden. So dreht sich im ersten Kapitel alles ums Dämpfen und Kochen, im zweiten Kapitel alles ums Dünsten von Gemüse. Es folgen Rezepte für sautiertes oder pfannengerührtes Gemüse, und Kapitel vier widmet sich dem Rösten und Backen.

Jedes Kapitel beginnt mit einem Grundrezept, in dem jeder Arbeitsgang Schritt für Schritt und leicht nachvollziehbar erklärt wird. So ist ein gutes Gelingen garantiert. Und natürlich macht auch beim Kochen Übung den Meister. Mit der durch die Zubereitung der Grundrezepte erlangten Praxis können Sie sich auch an die Folgerezepte und Variationen heranwagen. So erreichen Sie nach und nach eine gewisse Routine und immer mehr Sicherheit bei der Zubereitung von Gemüse.

In den Rezeptvariationen werden jeweils dieselben Kochtechniken verwendet, jedoch mit anderen Zutaten. Haben Sie beispielsweise bereits den Gedämpften Brokkoli mit Zitrone & Olivenöl (siehe Seite 54) erfolgreich zubereitet, wird ihnen der Blumenkohl in Curry-Butter (siehe Seite 56) auch problemlos gelingen.

Eine ausführliche Beschreibung der zum Zubereiten von Gemüse benötigten Küchenutensilien finden Sie ab Seite 132.

Gemüsesorten

Einzelne Gemüsesorten werden aufgrund gemeinsamer Merkmale in Gruppen aufgeteilt. Zum Teil setzen sich die Gruppen aus botanisch verwandten Gemüsesorten zusammen wie etwa bei den Lauchgewächsen (Porree, Zwiebel, Knoblauch und Schnittlauch). In anderen Fällen werden botanisch nicht verwandte Gemüsesorten aufgrund von äußeren Merkmalen zusammengefasst wie etwa beim grünen Blattgemüse.

In den folgenden Ausführungen werden verschiedene Gemüsegruppen beider Kategorien mit ihren Kocheigenschaften und Zubereitungsarten vorgestellt. Erwähnung finden dabei nur Gemüsesorten, die auch in den Rezepten dieses Buches verwendet werden.

Grünes Blattgemüse

Zu dieser Gruppe gehören Spinat, Grünkohl, Mangold und Rübstiel. Grünes Blattgemüse gart in relativ kurzer Zeit. Bei Spinat sind es nur ein paar Minuten, Grünkohl hingegen benötigt mindestens 30 Minuten. Grünes Blattgemüse fällt beim Garen stark zusammen – von einem großen Bund Spinat oder Mangold bleibt am Ende meist nur eine kleine Menge übrig. Grünkohl, Chicorée und Rübstiel fallen hingegen beim Garen nicht ganz so stark zusammen.

Rosenkohl, Weiß- und Rotkohl zählen eigentlich nicht zum Blattgemüse, in einzelne Blätter aufgeteilt, können sie jedoch wie Blattgemüse sautiert oder pfannengerührt werden. Blattgemüse gedeiht meist auf sandigem Untergrund und muss daher sehr sorgfältig gereinigt werden. Spinatblätter sollten vor der Zubereitung mindestens zweimal unter fließend kaltem Wasser abgespült werden.

Kohlgemüse

Zu dieser Gruppe zählen nicht nur Weißkohl, Rotkohl, Blumenkohl, Brokkoli, Rosenkohl und andere feste Gemüsesorten aus der Kohlfamilie, sondern auch Pak Choi und Chinakohl aus dem asiatischen Raum. Kohl ist reich an Antioxidanzien, Vitamin C und Ballaststoffen.

Viele empfinden den Geschmack und Duft von Kohl als zu intensiv. Die Intensität des Aromas hängt jedoch ganz von der Gardauer ab. Auch wenn Kohl zu den festen Gemüsesorten gehört – beim Dämpfen oder Kochen in Salzwasser wird er schnell zu weich und kann so ein unangenehm starkes Aroma entwickeln.

Wurzelgemüse

In der Erde wachsende Gemüsesorten nennt man Wurzelgemüse. Dazu zählen Karotten, Kartoffeln, Pastinaken, Steckrüben, Knollensellerie, Süßkartoffeln und Rote Bete. Auch wenn sie botanisch unterschiedlichen Gruppen zuzuordnen sind, vereint alle eine gewisse Süße und Festigkeit. Die Garzeit ist deutlich länger als bei anderem Gemüse.

Wurzelgemüse kann gedämpft, gekocht und auch gedünstet werden. Zum Sautieren eignet es sich nur, wenn es zuvor blanchiert oder in dünne Scheiben geschnitten wird. Das Rösten im Ofen bekommt Wurzelgemüse besonders gut,

da die Flüssigkeit beim Backen verdunstet und sich der Geschmack dadurch intensiviert. Zudem tritt die natürliche Süße stärker hervor. Viele Wurzeln und Rüben lassen sich gut miteinander kombinieren – Kartoffeln harmonieren zum Beispiel wunderbar mit Pastinake oder Knollensellerie (siehe Kartoffelpüree mit Sellerie, Seite 53).

Hülsenfrüchte

Bohnen, Erbsen und Linsen gehören zur Familie der Hülsenfrüchte, deren Samen in Fruchthülsen heranreifen. Frisch zubereitet sind sie schnell gar und müssen oft nur kurz in kochendem Wasser gegart oder in Pfanne oder Wok pfannengerührt werden. Getrocknete Hülsenfrüchte sollten dagegen über Nacht in Wasser eingeweicht und am nächsten Tag gegart werden.

Pilze

Pilze sind botanisch gesehen eine Kategorie für sich. Zu den bekanntesten Sorten gehören weiße und braune Champignons, Shiitake- und Austernpilze. Champignons besitzen ein mild-erdiges Aroma, während Shiitake-Pilze einen kräftigen Geschmack aufweisen. Die samtigen, sehr milden Austernpilze garen bedeutend schneller als andere Pilzsorten und werden daher oft erst am Ende zum Gericht gegeben. Wald- und Wildpilze wie Pfifferling, Morchel und Steinpilz besitzen ein köstliches Aroma und ein charakteristisches Aussehen, das sie stark von den Kulturpilzsorten unterscheidet. Außerdem sind sie etwas teurer und nur saisonal erhältlich.

Pilze garen recht schnell und eignen sich daher sehr gut zum Sautieren, Pfannenrühren oder kurzen Dünsten. Gewöhnlich werden Pilze nicht gedämpft oder gekocht, da sie sonst sehr viel Flüssigkeit aufnehmen und eine eher unappetitliche Konsistenz annehmen würden.

Fruchtgemüse

Botanisch werden Auberginen, Tomaten, Paprika, Chilis, Kürbisse und Zucchini nicht dem Gemüse, sondern dem Obst zugeordnet. Da sie allerdings als Gemüse verwendet werden, wurde der Begriff Fruchtgemüse geprägt. Bis auf den Kürbis wird Fruchtgemüse im Sommer geerntet, und mit Ausnahme von Aubergine, Tomate und Zucchini werden die Kerne fast immer entfernt. Fruchtgemüse ist saftig und aromatisch und lässt sich sehr gut sautieren oder pfannenrühren. Auch das Dünsten ist eine geeignete Garmethode, da es die natürliche Süße hervorhebt.

Biogemüse

Gemüse ist leider oft mit Pestiziden belastet. Ein Negativbeispiel ist der meist stark gespritzte Brokkoli, und auch die ballaststoff- und aromareiche Kartoffelschale kann giftige Pflanzenschutzmittel enthalten. Untersuchungen haben gezeigt, dass die Aufnahme von Pestiziden durch die Nahrung besonders für Kinder schädlich sein kann. Außerdem werden auch das Grundwasser und viele Wildtiere durch die Pestizide belastet.

Bioprodukte dürfen nicht mit Pestiziden behandelt werden und sind deshalb meist die bessere Wahl. Es stellt sich nun die Frage, ob sie auch besser schmecken als konventionell angebautes Gemüse. Dies hängt von vielen Faktoren, beispielsweise der Sorte, dem Zeitpunkt der Ernte und der Lagerung ab. Biogemüse ist auf jeden Fall die bessere Wahl, was gesundheitliche und ökologische Aspekte angeht.

Kürbis & Zucchini

Zucchini gehören botanisch auch zu den Kürbisgewächsen, werden allerdings im Sommer geerntet. Sie lassen sich sehr gut dämpfen, kochen, rösten und sogar grillen. Die im Geschmack sehr milden Zucchini besitzen, wie alle Sommerkürbisse, eine weiche, glatte Schale und sehr zartes Fruchtfleisch.

Die meist etwas nussig und süßlich schmeckenden Winterkürbisse weisen hingegen eine sehr harte, schützende Schale und festes Fruchtfleisch auf, weshalb sie auch sehr gut gelagert werden können. Bekannte Winterkürbissorten sind Butternuss, Hokkaido, Delicata und Moschuskürbisse.

Stängelgemüse

In dieser Kategorie werden so unterschiedliche Gemüsesorten wie Spargel, Fenchel, Stangensellerie und sogar Artischocken, die aus Blütenknospe und Stängel bestehen, zusammengefasst. Abgesehen von der Stangenform haben diese Gemüsesorten nur wenig gemeinsam. Spargel, Fenchel und Stangensellerie sollten zumindest teilweise geschält werden, während Artischockenstängel immer dick geschält werden müssen.

In Bezug auf die Garmethoden sind die beschriebenen Sorten sehr vielseitig. Sie können wunderbar gedämpft, gekocht, sautiert und gedünstet werden – Spargel schmeckt auch geröstet ganz wunderbar.

Lauchgemüse

Hauszwiebel, rote Zwiebel, kleine weiße Zwiebel, Knoblauch, Frühlingszwiebel, Schalotte, Porree und Schnittlauch – sie alle gehören zur Familie der Lauchgewächse. Zwar teilweise sehr unterschiedlich in Form und Größe, weisen sie doch ein ähnliches Aroma auf und werden oft als Würze oder pikante Garnierung verwendet. Bei vielen Gerichten und Saucen bildet gedünstetes Lauchgemüse, beispielsweise Zwiebeln, Knoblauch oder Porree, die Würzgrundlage. Fein gehackte Frühlingszwiebeln oder Schnittlauchröllchen werden zugleich gerne als Garnierung und aromatische Abrundung für viele Gerichte verwendet.

Lauchgewächse können auch die Hauptzutat bestimmter Gerichte sein, beispielsweise Porree in Senfsauce (siehe Seite 73) oder Glasierte kleine Zwiebeln mit Rosmarin (siehe Seite 77).

Kochen nach Saison

Alle Gemüsesorten haben eine oder mehrere Haupterntezeiten. So fängt die Artischockensaison in Deutschland im Spätsommer an, Tomaten reifen zwischen Juni und dem ersten Frost, während Chicorée in den kühlen Monaten geerntet wird. Spinat wird im Gewächshaus in Herbst und Winter und im Freilandanbau in Frühling und Sommer geerntet, sodass er das ganze Jahr über erhältlich ist. Wurzelgemüse wie Kartoffeln, Karotten und Rüben verbindet man eher mit dem Winter, tatsächlich werden sie jedoch im Spätsommer und Herbst geerntet und eingelagert.

Saisongerecht gekauftes, frisch geerntetes Gemüse ist besonders aromatisch, doch heutzutage ist es gar nicht so einfach festzustellen, welche Sorte gerade Saison hat. Schließlich bietet der Supermarkt das ganze Jahr über frisches Gemüse an – Importe aus aller Welt machen es möglich. Um Geldbeutel und Umwelt zu schonen und gleichzeitig ein aromatisches Ergebnis zu erreichen, sollten Sie nicht nur saisongerechte, sondern auch Produkte aus der Region bevorzugen.

Achten Sie im Supermarkt auf die Herkunftsbezeichnung, bevorzugen Sie regionales Gemüse und halten Sie auf dem Wochenmarkt Ausschau nach Anbietern von Gemüse aus eigener Ernte. Fragen Sie Gemüsebauern im Umland nach lokalen Produkten, vielleicht stoßen Sie sogar auf eine alte Gemüsesorte, die Sie noch gar nicht kannten. Es macht einfach Spaß, Neues auszuprobieren und sich dabei gesund zu ernähren. Der ideale Wegweiser sind Saisonkalender, die anzeigen, welche Gemüsesorte zu welcher Jahreszeit in Deutschland oder im Ausland gerade frisch geerntet wird. Wenn Sie sich danach richten, erhalten Sie auch im Supermarkt aromatisches Gemüse.

Wenn Sie sich einmal an das besondere Aroma von ganz frischem und aromatischem Gemüse gewöhnt haben, werden Ihnen die Gemüseimporte aus fernen Ländern und außerhalb der Saison gezüchtete Gewächshausware

nicht mehr zusagen. Frische bedeutet auch höhere Qualität. Je kürzer der Transportweg für das Gemüse war, desto mehr Vitamine und Mineralstoffe sind noch enthalten.

Im Folgenden finden Sie nach Erntesaison zusammengestellte Gemüsesorten und dazu passende Kräuter. Gemüse, das generell oder zu dieser Jahreszeit nicht aus Deutschland, sondern aus dem Ausland stammt, ist mit einem „A“ gekennzeichnet.

Frühling

Im Frühling freut man sich auf leckeren Spargel, neue Kartoffeln und frische Erbsen. Die Frühlingssaison erstreckt sich von März bis Mai.

Artischocken (A) • Erbsen (A) • Estragon • Frühlingszwiebeln • Karotten (A) • Kerbel • Mangold • Minze • neue Kartoffeln • Pak Choi (A) • Radieschen • Schnittlauch • Spargel • Spinat • Weiß-/Rotkohl

Sommer

Von Juni bis bis in die ersten beiden Septemberwochen (oder bis zum ersten Frost) ist Sommerzeit und damit die beste Zeit für frisches Gemüse. Herrlich saftige Tomaten, Zucchini und Paprika haben jetzt Saison.

Artischocken • Auberginen • Basilikum • Blumenkohl • Brokkoli • grüne Bohnen • Karotten • Knoblauch • Mais • Majoran • Mangold • Oregano • Paprika (A) • Rosmarin • Rote Bete • Salbei • Speiserüben • Tomaten • Weißkohl • Zucchini

Herbst

Die Herbstsaison währt von Ende September bis November, wenn die Tage kürzer werden und das Jahr sich dem Ende nähert. Jetzt werden Stangensellerie und Kürbisse geerntet.

Artischocken • Blumenkohl • Fenchel • Grünkohl • Knollensellerie • Winterkürbis • Porree • Rosenkohl • Stangensellerie • Süßkartoffeln (A) • Tomaten • Weiß-/Rotkohl • Zwiebeln

Winter

Die Wintersaison erstreckt sich von Dezember bis Februar. In diesen Monaten werden Kohl, Porree und Knollensellerie geerntet. Kartoffeln wurden meist schon im Sommer und Herbst geerntet und für den Winter eingelagert.

Brokkoli (A) • Chinakohl • Grünkohl • Karotten • Meerrettich • Porree • Rosenkohl • Rote Bete • Schwarzwurzeln • Speiserüben • Steckrüben • Wirsing • Weiß-/Rotkohl • Zwiebeln

Gemüse zubereiten, würzen & servieren

Bei der Zubereitung eines Gerichts sollten die einzelnen Arbeitsschritte schon im Voraus bedacht werden, damit im Eifer des Gefechts nichts mehr schiefgeht. Das folgende Kapitel zeigt, wie wichtig es ist, die Zutaten vor dem Garen griffbereit aufzustellen, wie Gemüse richtig gewürzt wird und wie Sie die Speisen warm halten. Außerdem bringt es Ihnen verschiedene Garmethoden für Gemüse näher – vom Kochen und Dämpfen bis zum Backen und Rösten.

Das Gemüse vorbereiten

Waschen, Schälen, Putzen und Zerkleinern sind die Arbeitsschritte, die bei der Zubereitung von Gemüse oft am meisten Zeit in Anspruch nehmen. Doch Übung macht den Meister, und bald wird Ihnen alles viel leichter von der Hand gehen.

WASCHEN Für die meisten Rezepte in diesem Buch gilt: das Gemüse vor dem Zerkleinern waschen. Dadurch wird es nicht nur sauber, sondern auch aufgefrischt. Bei bestimmten Gemüsesorten muss man beim Reinigen ganz besondere Sorgfalt walten lassen. Frischer Spinat ist häufig noch sehr sandig und sollte deshalb mindestens zweimal unter fließend kaltem Wasser gereinigt werden. Auch zwischen den Porreeblättern können sich Sandreste verbergen. Porreestangen daher am besten längs halbieren und unter fließend kaltem Wasser sorgfältig reinigen. Knollensellerie gründlich mit einer Gemüsebürste abbürsten und gut waschen.

SCHÄLEN Gemüse mit harter Schale mit einem Sparschäler oder einem Schälmesser von der Schale befreien. Brokkolistiele sind essbar und sehr zart, wenn die holzige Schale entfernt wird. Größere Speiserüben sollten sehr großzügig geschält werden, weißer Spargel eher dünn. Bei Stangensellerie, Fenchel und Mangoldstielen nur die festen Fäden abziehen, während die papierartige Schale von Zwiebeln, Schalotten und Knoblauch komplett entfernt wird.

ALLES GRIFFBEREIT AUFSTELLEN Beim Kochen ist es wichtig, vorbereitete Zutaten und Küchenutensilien griffbereit in der Nähe des Herds bereitzustellen, um nicht während der Zubereitung nach etwas suchen oder schnell noch etwas zerkleinern zu müssen. Rechnen Sie also zum Waschen, Schälen, Zerkleinern oder Abmessen sowie dem Bereitstellen aller nötigen Küchengeräte genügend Zeit ein.

ZUTATEN ABMESSEN Mengenangaben beschreiben entweder das Gewicht, die Anzahl oder das Volumen. Das Gewicht wird in diesem Buch in Gramm (g) und Kilogramm (kg) angegeben. Da Gemüsesorten in der Größe stark variieren, ist das Gewicht eine genauere Einheit als die Anzahl. Im Sommer geerntete Speiserüben sind meistens klein, gelagerte Rüben hingegen bringen bis zu 250 g auf die Waage. Bestimmte Zutaten sind in den Rezepten daher sowohl in Anzahl als auch in Gewicht angegeben. Zum genauen Abwiegen empfiehlt sich die Anschaffung einer Küchenwaage.

Flüssige Zutaten werden in Millilitern (ml) oder Litern (l) angegeben. Ein Messbecher ist zum Abmessen von Flüssigkeiten ideal. Für manche Rezepte wird ⅛ Teelöffel einer Zutat benötigt. Dafür am besten einen Teelöffel zur Hälfte füllen und von dieser Menge ein Viertel verwenden. Die Menge entspricht ungefähr einer Prise.

Gemüse zubereiten

Gemüse kann auf sehr viele unterschiedliche Arten zubereitet werden. Manche Sorten eignen sich am besten zum Dämpfen, andere sind in heißem Öl sautiert oder pfannengerührt am schmackhaftesten. Manchmal sind das langsame Dünsten in Brühe oder Wein oder aber das Garen im Ofen ideale Methoden. Einige ganz besonders vielseitige Gemüsesorten eignen sich sogar für alle Garmethoden und werden in den Rezepten gleich auf zwei unterschiedliche Arten gegart. Rübstiel zum Beispiel wird meist zuerst blanchiert und dann sautiert, wie der Rübstiel mit roter Paprika & Knoblauch (siehe Seite 100).

Fast alle Gemüsesorten profitieren geschmacklich von etwas gebratenem Speck, gerösteten Nüssen, geriebenem Käse, frischen Kräutern oder Saucen.

KOCHEN & DÄMPFEN Diese beiden einfachen Garmethoden sind besonders gut für Kochanfänger geeignet. Beim Dämpfen wird nur wenig Wasser erhitzt und das Gemüse im Wasserdampf gegart. Beim Kochen gart das Gemüse in einer recht großen Menge kochendem Wasser. Das Dämpfen ist nicht nur schonender, da nicht so viele Nährstoffe aus dem Gemüse herausgeschwemmt werden wie beim Kochen, sondern auch preisgünstiger, da weniger Wasser und auch weniger Energie zum Erhitzen benötigt werden.

Besonders gut zum Kochen und Dämpfen eignen sich Gemüsesorten wie Brokkoli, Mais, neue Kartoffeln, Kürbis, Pak Choi, Rote Bete, Weiß- und Rotkohl sowie Blumenkohl. Auberginen und Pilze würden beim Garen hingegen zu viel Wasser aufnehmen.

DÜNSTEN Dünsten heißt, Gemüse in einer kleinen Menge Flüssigkeit (Brühe oder Wein) langsam zu garen. Benötigt wird dazu eine große Pfanne oder ein schwerer, flacher Topf mit gut schließendem Deckel, damit die verdunstende Flüssigkeit am Deckel kondensieren und wieder auf das Gemüse hinabtropfen kann. Nach Ende der Garzeit ist noch ein wenig Flüssigkeit übrig, die in eine Sauce oder durch weiteres Einkochen in eine schmackhafte Glasur verwandelt werden kann wie etwa bei den Pastinaken mit Senfglasur (siehe Seite 77).

Sicherer Umgang mit Messern

Ein stumpfes Messer ist gefährlicher als ein scharfes, da man mehr Druck anwenden muss und sich dadurch schneller eine Schnittverletzung zufügt. Schärfen Sie Ihre Messer deshalb regelmäßig nach. Krümmen Sie Ihre Finger beim Schneiden von Scheiben von der Klinge weg, um sich nicht zu verletzen.

SAUTIEREN & PFANNENRÜHREN Sowohl beim Sautieren als auch beim Pfannenrühren wird Gemüse bei starker Hitze in Öl gegart, wodurch es ein ganz besonderes, etwas rauchiges Aroma erhält.

Zum Sautieren (Garschwenken) gehört klassischerweise das Wenden des Garguts durch ruckartiges Schwenken der Pfanne. Dabei hüpfen die Zutaten in der Pfanne, was zum Begriff „Sautieren", von Französisch „sauter" (springen), führte. Zum Pfannenrühren eignet sich ein Wok am besten, in dem das Gemüse mit Stäbchen oder Kochlöffel sehr schnell hin und her bewegt wird. Oft wird gegen Ende der Garzeit etwas Flüssigkeit hinzugefügt, damit das Gemüse schön gart und etwas Sauce entsteht.

BACKEN & RÖSTEN Bei diesen Gartechniken kommt ein Backofen zum Einsatz. Zum Backen ist meist eine Temperatur zwischen 180 °C und 190 °C, beim Rösten von mindestens 200 °C erforderlich. Ideal ist die geringere Temperatur beim Backen für die Gerichte Mit Reis, Basilikum & Käse gefüllte Tomaten (siehe Seite 107) oder Fenchel-Kartoffel-Gratin (siehe Seite 129).

Geröstet werden können entweder einzelne Gemüsesorten (siehe Geröstete Süßkartoffeln mit Sojaglasur, Seite 119) oder eine Mischung verschiedener Sorten (siehe Geröstetes Wurzelgemüse mit Rosmarin, Seite 113). Vor dem Rösten wird Gemüse gewöhnlich in Öl gewendet, um es vor der Ofenhitze zu schützen und das Aroma zu intensivieren.

Gemüse würzen

Ein wenig Butter oder Olivenöl sowie ein oder zwei Prisen Salz und frisch gemahlener Pfeffer machen ein schlichtes Gemüsegericht schon sehr schmackhaft, doch es geht noch raffinierter. Gegartem Gemüse kann auf sehr unterschiedliche Weise der letzte Pfiff verliehen werden.

SALZ Salz hilft dabei, den natürlichen Geschmack zu unterstreichen und zu intensivieren. Fügt man Salz erst am Ende der Garzeit hinzu, wird es oft sehr dominant. Schmeckt man jedoch schon während der Zubereitung mit Salz ab, kann man sich unter Umständen das Nachsalzen zum Schluss sparen und muss nur noch mit einigen Tropfen Zitronensaft, Essig oder etwas Pfeffer abschmecken. Aus diesem Grund wird in den Rezepten dieses Buches – außer beim Dämpfen – zu Beginn gesalzen.

BUTTER & ÖL Gemüse und Butter sind immer eine herrliche Kombination, besonders bei gedünsteten Gerichten. Zum Sautieren sollten Sie jedoch immer

Öl verwenden, da Butter bei starker Hitze schnell verbrennt. Greifen Sie möglichst zu Olivenöl, das nicht nur sehr aromatisch, sondern auch noch gesund ist. Zum Sautieren reicht ein einfaches Olivenöl vollkommen aus. Zum abschließenden Beträufeln eines Gerichts verwenden Sie am besten ein hochwertiges, kalt gepresstes natives Olivenöl extra. Für eine asiatische Note können Sie das Gemüse mit einigen Tropfen geröstetem Sesamöl beträufeln.

Weitere Würzzutaten

Senf kann mit seiner Schärfe die Süße bestimmter Gemüsesorten zähmen, während eher säuerliches Gemüse durch ein wenig Honig milder schmeckt. Sojasauce ersetzt nicht nur das Salz, sondern steuert außerdem ein asiatisches Aroma bei. Geröstete Nüsse und Kerne verleihen Gerichten etwas Biss. Kapern werten mildes Gemüse auf. Gedämpfte Karotten schmecken mit einer Sauce aus Kapern, Pinienkernen, Olivenöl und Kräutern einfach wunderbar.

Dadurch wird der Baby-Pak-Choi mit Sesamöl (siehe Seite 56) zum Hochgenuss.

SÄUREHALTIGE WÜRZZUTATEN Frischer Zitronen- oder Limettensaft sowie Essig verleihen Gerichten eine säuerlich-frische Note. Manchmal reichen schon wenige Tropfen aus, um den Geschmack zu heben und auch weiteres Salzen überflüssig zu machen. Durch den Saft von Zitrusfrüchten erhält ein Gericht mehr Leichtigkeit und Frische, durch Rotweinessig hingegen mehr Wärme und Tiefe.

FRISCHE KRÄUTER Frische Kräuter verfügen über ein komplexes Aroma, das beim Trocknen verloren geht. Kräuter werden meist sowohl gleich zu Beginn zum Gericht gegeben, um eine untergründige Note zu erzielen, als auch kurz vor dem Servieren, um ihr Aroma voll zur Geltung zu bringen.

Gemüse servieren

Die Gerichte in diesem Buch sind als Beilage für vier bis sechs Portionen berechnet. Bestimmte Rezepte sind auch als vollwertige Hauptmahlzeit geeignet, wie Gratins oder gefüllte Tomaten. Auch als Vorspeise kann ein Gemüsegericht ganz wunderbar serviert werden, gefolgt von einem Reis-, Polenta- oder Pastagericht. In vielen, den Grundrezepten angegliederten Serviervorschlägen finden Sie Hinweise dazu.

Die meisten Gemüsegerichte schmecken übrigens sehr heiß serviert am besten. Wärmen Sie daher die Servierschüssel an, damit das Gemüse nicht so schnell auskühlt. Stellen Sie die Schüssel während der Zubereitung des Gerichts in einen auf 100 °C vorgeheizten Backofen und erwärmen Sie sie für 15 Minuten.

Gemüse garnieren

Wie viele andere Gerichte profitieren auch Gemüsegerichte von einer sorgfältig ausgewählten Garnierung. Klein gehackte Kräuter, die schon im Rezept verwendet wurden, sind immer eine gute Wahl. Leuchtend gelbe Zitronenspalten können zudem über dem Essen ausgepresst werden. Einzelne Petersilienblätter, feine Rucola- oder Basilikumstreifen oder kleine Paprikawürfel sehen als Garnierung sehr hübsch und appetitlich aus. Ein abschließender Spritzer Olivenöl verleiht dem Gericht nicht nur zusätzliches Aroma, sondern auch einen wunderbaren, feinen Glanz.

1

Grundrezepte

Im folgenden Kapitel werden Sie anhand von einfachen Rezepten an die vier gängigsten Garmethoden für Gemüse – Dämpfen, Dünsten, Sautieren und Rösten – herangeführt. Mit ein wenig Übung können Sie auf dieser Grundlage unzählige andere Gemüsegerichte zubereiten. In allen Rezepten dieses Buches wird eine der vorgestellten Gartechniken verwendet.

GRUNDREZEPT

Grundrezept für gedämpftes Gemüse

Das Dämpfen ist eine sehr schonende Garmethode, da wichtige Nährstoffe und Vitamine nicht wie beim Kochen an das Wasser abgegeben werden. Außerdem geht es recht schnell, weil nur eine kleine Wassermenge erhitzt werden muss. Fett oder Gewürze fügt man erst nach dem Garen hinzu.

750 g Blumenkohl, Brokkoli, Rosenkohl oder andere zum Dämpfen geeignete Gemüsesorten

1 EL Butter oder Olivenöl

¼ TL Salz

1 Prise frisch gemahlener Pfeffer

ERGIBT 4–6 PORTIONEN

1 Küchenutensilien bereitstellen

Benötigt wird ein Dämpfeinsatz in Form eines fächerartigen Metallkorbs oder ein mit Siebeinsatz versehener Dämpftopf. Wichtig ist, dass der Topfdeckel wirklich gut schließt, damit kein Dampf entweichen kann. Den Backofen auf 100 °C vorheizen und eine Schüssel darin anwärmen.

2 Gemüse putzen

Das Gemüse gründlich waschen. Alle holzigen oder beschädigten Stellen entfernen. Bei Blumenkohl die grünen Blätter und den Strunk mit einem Schälmesser wegschneiden. Eine ausführliche Anleitung zum Putzen von Blumenkohl finden Sie auf Seite 39. Bei Brokkoli die Röschen abtrennen und die Stiele schälen. Eine genaue Anleitung zum Putzen von Brokkoli finden Sie auf Seite 38. Bei Rosenkohl das untere Ende des Strunks abschneiden und sämtliche verfärbten oder verwelkten Blätter entfernen. Eine ausführliche Anleitung zum Vorbereiten von Rosenkohl finden Sie auf Seite 42.

3 Gemüse zerkleinern

Das Gemüse in mundgerechte und möglichst gleichmäßig große Stücke schneiden. Den Blumenkohl in Röschen zerteilen. Bei Brokkoli die Stiele der Röschen abtrennen und Stiele und Röschen in mundgerechte Stücke schneiden. Bei Rosenkohl größere Röschen längs halbieren oder vierteln, damit sie gleichzeitig gar werden.

4 Wasser zum Kochen bringen

Einen Topf etwa 2,5 cm hoch mit Wasser füllen. Den Dämpfeinsatz in den Topf setzen, das Wasser sollte nur bis kurz unter den Boden des Einsatzes

reichen. Abdecken und bei starker Hitze zum Kochen bringen, bis es sprudelt. (Um zu prüfen, ob das Wasser schon kocht, den Dämpfeinsatz kurz mit einer Gabel anheben.)

5 Gemüse dämpfen

Den Dämpfeinsatz gleichmäßig mit den Gemüsestücken auslegen, damit der Dampf gut zirkulieren kann und das Gemüse gleichzeitig gar wird. Den Deckel aufsetzen und das Gemüse gar dämpfen. Bei Blumenkohl dauert dies etwa 5-8 Minuten, bei Brokkoli 4-6 Minuten und bei Rosenkohl etwa 15 Minuten. Grünes Blattgemüse nur kurz dämpfen, da es schnell seine Farbe verliert.

6 Garprobe

Den Deckel abnehmen und das Gemüse mit der Spitze eines Schälmessers einstechen. Wenn sich das Messer leicht einschieben lässt, aber noch ein kleiner Widerstand zu spüren ist, ist das Gemüse gar. Andernfalls erneut abdecken, weitere 30–60 Sekunden dämpfen und erneut testen. Das Gemüse nicht übergaren, sonst zerfällt es und verliert an Farbe und Geschmack.

7 Gemüse aus dem Dämpfeinsatz heben

Die Griffschlaufe des Dämpfeinsatzes mit einem Topfhandschuh umfassen und den Einsatz aus dem Topf heben. Überschüssiges Wasser vorsichtig abschütteln und das Gemüse in die angewärmte Schüssel geben.

8 Fett und Gewürze zufügen

Butter oder Olivenöl zum Gemüse geben. Die Butter schmilzt und bildet eine cremige Sauce. Für eine andere Variante Olivenöl verwenden. Mit Salz und Pfeffer würzen und alles behutsam vermengen.

9 Abschmecken und servieren

Das Gemüse kosten und etwas Salz zufügen. Alternativ etwas Butter, Olivenöl oder Pfeffer nach Geschmack zugeben. Gewürze immer nur in kleinen Mengen zufügen, umrühren, erneut kosten und etwas würzen, bis der gewünschte Geschmack erreicht ist. Sofort servieren.

PROFITIPP

Wenn Sie das gedämpfte Gemüse erst zu einem späteren Zeitpunkt verwenden möchten, schrecken Sie es nach dem Dämpfen mit kaltem Wasser ab, um ein Weitergaren zu verhindern. Das kalte Gemüse gut abtropfen lassen und abgedeckt in den Kühlschrank stellen.

EMPFEHLUNG

Gedämpftes Gemüse kann mit frischem Zitronensaft, frisch gehackten Kräutern, Curry-Butter (siehe Seite 56) oder roter Butter (siehe Seite 119) serviert werden.

GRUNDREZEPT

Grundrezept für gedünstetes Gemüse

Beim Dünsten wird Gemüse im geschlossenen Topf mit nur wenig Flüssigkeit bei geringer Hitze sanft gegart. Ein angenehmer Begleiteffekt dieser Garmethode ist der beim Dünsten entstehende köstliche Garsud, der zu einer Sauce eingekocht werden kann. Zum Dünsten eignen sich fast alle Gemüsesorten.

875 g–1 kg Porree, Stangensellerie, Fenchel oder andere zum Dämpfen geeignete Gemüsesorten

30 g Butter

45 g Zwiebel, fein gehackt (siehe Seite 30)

60 ml trockener Weißwein

375 ml frische Hühnerbrühe oder Hühnerbrühe aus dem Glas

¼ TL grobes Meersalz

⅛ TL frisch gemahlener Pfeffer

1–2 TL frisch gepresster Zitronensaft (siehe Seite 38, nach Belieben)

ERGIBT 4–6 PORTIONEN

1 Küchenutensilien bereitstellen

Benötigt werden eine breite, hohe Pfanne mit gut schließendem Deckel oder ein breiter, flacher Topf sowie ein Holzlöffel und eine Küchenzange. Den Backofen auf 100 °C vorheizen und eine Schüssel darin anwärmen.

2 Gemüse vorbereiten

Das Gemüse gründlich waschen. Alle holzigen oder beschädigten Stellen entfernen und das Gemüse in Stücke schneiden. Bei Porree werden die festen grünen Blätter auf etwa 2,5 cm gekürzt. Die Wurzeln vorsichtig knapp über dem Strunk abschneiden, damit der Strunk intakt bleibt und der Porree später nicht auseinanderfällt. Längs halbieren. Den Porree gut unter fließend kaltem Wasser abbrausen. Die Blätter dabei auseinanderdrücken, um alle Sandreste zu entfernen. Bei Stangensellerie den Wurzelteil abschneiden und die einzelnen Stangen gründlich waschen. Die Blätter am oberen Blattansatz abschneiden. Sie eignen sich gut als Suppenzutat. Die festen Fäden an der Außenseite der Stangen mit einem Schälmesser entfernen, dabei die Fäden an der Schnittseite aufgreifen und nach oben abziehen. Anschließend die Stangen quer in 10 cm lange Stücke schneiden. Bei Fenchel die Stiele bis zum Knollenansatz abschneiden. Das weiche Fenchelkraut fein hacken und zum Garnieren verwenden. Die Knolle durch den Wurzelansatz halbieren und jede Hälfte in Spalten schneiden. Eine ausführliche Anleitung zum Verarbeiten von Fenchel finden Sie auf Seite 41.

3 Zwiebeln andünsten und mit Wein ablöschen

Die Pfanne bei mittlerer Hitze erwärmen und 15 g Butter darin zerlassen. Die Zwiebel zufügen und unter Rühren 2–3 Minuten glasig dünsten. Mit dem Wein ablöschen und etwa 1–2 Minuten auf die Hälfte einkochen lassen (reduzieren).

4 Gemüse dünsten

Gemüsestücke, Hühnerbrühe und Salz in die Pfanne geben. Bei starker Hitze zum Kochen bringen. Sobald die Flüssigkeit zu sprudeln beginnt, die Hitze reduzieren, bis nur noch gelegentlich kleine Bläschen an die Oberfläche treten. Das Gemüse abgedeckt garen. Dies dauert bei Porree etwa 25 Minuten, bei Stangensellerie 15 Minuten und bei Fenchel 20 Minuten.

5 Garprobe

Den Deckel abnehmen und das Gemüse mit der Spitze eines Messers einstechen. Wenn sich das Messer leicht einschieben lässt, aber noch ein kleiner Widerstand zu spüren ist, ist das Gemüse gar. Andernfalls wieder abdecken, weitere 2 Minuten dünsten und erneut testen. Das Gemüse nicht übergaren, sonst zerfällt es und verliert an Farbe und Geschmack. Das Gemüse mit einer Küchenzange aus der Pfanne in die angewärmte Schüssel heben, dabei überschüssige Flüssigkeit in die Pfanne abtropfen lassen, und das Gemüse zum Warmhalten mit Alufolie abdecken.

6 Garsud reduzieren

Den Garsud in der Pfanne bei starker Hitze zum Kochen bringen. Sprudelnd etwa 8 Minuten kochen lassen, bis sich die Flüssigkeit auf etwa 80 ml reduziert hat. Die verbliebenen 15 g Butter und den Pfeffer unterrühren.

7 Abschmecken und servieren

Die Sauce kosten. Schmeckt sie zu fad, Zitronensaft oder Salz und Pfeffer zugeben. Die Sauce über das Gemüse gießen und sofort servieren.

PROFITIPP

Vor der Zubereitung muss Gemüse gründlich gesäubert werden. Im Gegensatz zu meist gut gereinigtem Supermarktgemüse kann Markt- oder Bioware noch Erde und Sand anhaften. Wenn Sie recht sandigen Porree oder Spargel gekauft haben, weichen Sie ihn etwa 5 Minuten in einer Schüssel mit kaltem Wasser ein, um fest sitzende Erdreste abzulösen.

EMPFEHLUNG

Zum Servieren können Sie gedünstetes Gemüse beispielsweise mit frisch geriebenem Parmesan bestreuen.

GRUNDREZEPT

Grundrezept für sautiertes Gemüse

Sautieren nennt man das Garen bei sehr starker Hitze in nur wenig Fett. Die Flüssigkeit verdampft rasch, das Gemüse karamellisiert und erhält eine braune Kruste. Man verwendet diese Garmethode für eher weiche Gemüsesorten. Das Gemüse wird erst kurz vor dem Servieren angebraten.

750 g grüne oder gelbe Zucchini, Paprika, grüner Spargel oder andere zum Sautieren geeignete Gemüsesorten

2 EL Olivenöl

¼ TL grobes Meersalz

1 Prise frisch gemahlener Pfeffer

ERGIBT 4–6 PORTIONEN

1 Küchenutensilien bereitstellen

Benötigt werden eine große Pfanne (in einer Pfanne mit schrägem Rand kann das Gemüse leichter geschwenkt werden) und ein Holzlöffel oder Silikonspatel. Den Backofen auf 100 °C vorheizen und eine Schüssel darin anwärmen.

2 Gemüse putzen

Das Gemüse waschen und trocken tupfen (nasses Gemüse bräunt nicht und kann in der Pfanne spritzen). Alle holzigen oder beschädigten Stellen entfernen. Bei Zucchini Stiel- und Blütenansatz abschneiden und wegwerfen. Bei Paprika die Stiele abschneiden und das Kerngehäuse mit den Fingern herausziehen (siehe Seite 95). Die Paprika längs halbieren, alle verbliebenen Kerne entfernen und die inneren weißen Rippen herausschneiden. Bei grünem Spargel das holzige Ende bis zu der Stelle abschneiden, an der die Farbe von hellgrün zu dunkelgrün wechselt. Die Schale mit einem Sparschäler bis 5 cm zu den Spitzen entfernen.

3 Gemüse zerkleinern

Das Gemüse in mundgerechte, möglichst gleichmäßig große Stücke zerschneiden, um ein gleichzeitiges Garen sicherzustellen. Zucchini sollten längs geviertelt und quer in gut 1 cm dicke Stücke geschnitten werden. Paprika möglichst längs in etwa 1 cm breite Streifen schneiden. Spargel sieht in 4 cm oder in feine, 6 mm dicke schräge Scheiben geschnitten besonders schön aus.

4 Pfanne erhitzen

Die Pfanne erhitzen und alle Zutaten griffbereit platzieren. Die Hand über die Pfanne halten. Sobald die Hitze zu spüren ist, das Olivenöl hineingeben.

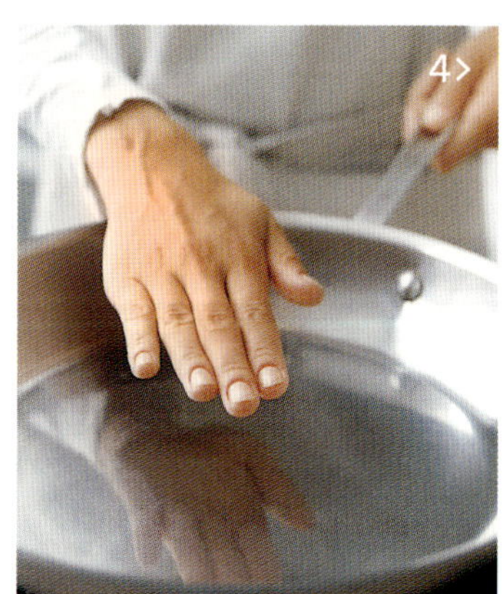

5 Gemüse sautieren

Sobald das Öl heiß ist, rasch das Gemüse hineingeben. Gut im Öl wenden und mit Salz und Pfeffer würzen. Die Gemüsestücke schnell in der Pfanne hin und her bewegen. Dazu entweder die Pfanne locker aus dem Handgelenk schwenken oder einen Holzlöffel oder Silikonspatel verwenden.

6 Gelegentlich rühren und Garprobe machen

Das Gemüse weiterbraten und anfangs alle 30 Sekunden schwenken. Danach nur noch gelegentlich wenden, bis das Gemüse von intensiver Farbe, teilweise angebräunt und gar ist, beim Einstechen mit einem Messer jedoch noch ein wenig Festigkeit zeigt. Dies dauert bei Zucchini etwa 8–10 Minuten und bei Paprika sowie Spargel 4–7 Minuten. Wenn das Gemüse noch nicht gar ist, weitere 30–60 Sekunden sautieren und erneut testen. Ständiges Rühren vermeiden, denn nur wenn das Gemüse längeren Kontakt zum Pfannenboden hat, erhält es eine braune Kruste und den typischen würzigen Geschmack.

7 Pfanne vom Herd nehmen

Sobald das Gemüse gar ist, die Pfanne vom Herd nehmen, um ein Übergaren zu verhindern. Das Gemüse etwa 5 Minuten in der Pfanne ruhen lassen, damit sich die Aromen entfalten.

8 Abschmecken und servieren

Das Gemüse kosten und nach Geschmack etwas Salz zufügen. Mit Pfeffer würzen, um ein wenig Schärfe zuzufügen. Das Gemüse in die angewärmte Schüssel geben und sofort servieren.

PROFITIPP

Um die richtige Schwenkbewegung für das Sautieren einzuüben, eine trockene, kalte Pfanne mit getrockneten Bohnen füllen. Nach ein paar Wiederholungen werden Ihnen die kurzen, ruckartigen Bewegungen aus dem Handgelenk leichter fallen. Wenn dabei ein paar Bohnen auf dem Boden landen, sammeln Sie sie einfach auf und üben noch ein wenig länger.

EMPFEHLUNG

Servieren Sie sautiertes Gemüse mal mit einer Prise Chiliflocken, abgeriebener Zitronen- oder Orangenschale oder einem Spritzer Sherry oder Balsamico-Essig.

GRUNDREZEPT

Grundrezept für geröstetes Gemüse

Das Garen in der trockenen Hitze des Backofens eignet sich besonders für Kartoffeln und Wurzelgemüse. Das Gemüse einfach mit etwas Olivenöl beträufeln und mit Meersalz, Pfeffer und frischen Kräutern würzen. Die starke Hitze im Ofen intensiviert die natürliche Süße und sorgt für das typische Röstaroma.

1 kg Süßkartoffeln, festkochende oder vorwiegend festkochende Kartoffeln (z. B. Linda oder Sieglinde) oder rote Kartoffeln, große Karotten oder andere zum Rösten geeignete Gemüsesorten

60 ml Olivenöl

2 EL frisch gehackter Thymian oder Rosmarin (siehe Seite 35)

½ TL grobes Meersalz

⅛ TL frisch gemahlener Pfeffer

ERGIBT 6 PORTIONEN

1 Küchenutensilien bereitstellen

Benötigt wird ein flacher Bräter, eine flache Auflaufform oder ein Backblech mit genügend Platz, um die Gemüsestücke darin nebeneinander auszulegen. Außerdem werden eine große Schüssel und eine Küchenzange oder ein Holzspatel benötigt. Einen Rost auf die mittlere Schiene des Backofens schieben und den Ofen auf 220 °C vorheizen. Eine Schüssel auf den Herd stellen und durch die Ofenhitze etwas anwärmen.

2 Gemüse vorbereiten

Das Gemüse mit einer Gemüsebürste sorgfältig unter fließend kaltem Wasser abbürsten und anschließend trocken tupfen. Das Gemüse, wenn nötig, schälen und in Stücke schneiden. Die Süßkartoffeln mit einem Sparschäler schälen und mit einem Kochmesser längs halbieren. Jede Hälfte in Spalten schneiden. Kartoffeln mit Schale (darin stecken nicht nur die meisten Nährstoffe, sondern auch sehr viel Aroma) in Spalten oder 6 cm breite Stücke schneiden. Karotten ebenfalls mit einem Sparschäler schälen und anschließend mit einem Kochmesser von Wurzel- und Stielansatz befreien. Die Karotten in etwa 6 cm breite Stücke schneiden. Große Stücke längs vierteln und mittelgroße Stücke längs halbieren. Die Gemüsestücke sollten gleichmäßig groß sein, damit sie gleichzeitig gar werden.

3 Gemüse in Öl und Gewürzen wenden

Die Gemüsestücke mit Olivenöl, Thymian, Salz und Pfeffer in eine große Schüssel geben und mit den Händen sorgfältig wenden. Kartoffeln nach dem Schälen immer sehr rasch im Öl wenden, um eine Verfärbung zu verhindern.

4 Gemüse rösten

Das Gemüse mit Öl im Bräter nebeneinander mit etwas Abstand auslegen. (Die Kartoffelspalten mit der Schnittseite nach oben platzieren.) Dadurch wird eine größtmögliche Oberfläche der Ofenhitze ausgesetzt, und das Gemüse bräunt gleichmäßig. Das Gemüse im Ofen gar und goldbraun rösten. Das dauert bei Süßkartoffeln etwa 20 Minuten, bei Kartoffeln und Karotten 25 Minuten. Nach der Hälfte der Garzeit das Gemüse mithilfe eines Holzspatels oder einer Zange wenden, damit es gleichmäßig gart.

5 Garprobe

Das Gemüse mit der Spitze eines Schälmessers einstechen. Wenn sich das Messer leicht einschieben lässt, aber noch ein kleiner Widerstand zu spüren ist, ist das Gemüse gar. Andernfalls wieder abdecken, weitere 5 Minuten rösten und erneut testen. Das Gemüse nicht übergaren, sonst wird es zu trocken und verliert das spezielle Röstaroma.

6 Abschmecken und servieren

Das Gemüse kosten. Der natürliche Geschmack des Gemüses, die durch das Backen hervorgehobene Süße sowie die Aromen von Salz, Pfeffer und Thymian sollten klar erkennbar sein. Schmeckt es noch zu mild, ein wenig nachsalzen. Das Gemüse in die angewärmte Schüssel geben und sofort servieren.

PROFITIPP

Legen Sie den Bräter mit Backpapier oder Alufolie aus, um sich eine aufwendige Reinigung nach dem Rösten zu ersparen. Bei Alufolie die glänzende Seite nach oben legen, da sie die Hitze besser reflektiert und das Gemüse auf diese Weise gleichmäßiger gart.

EMPFEHLUNG

Zum Servieren kann geröstetes Gemüse mit etwas Meersalz oder frisch gehackten Kräutern bestreut werden.

2

Grundtechniken

Bei der Zubereitung von Gemüse nimmt die Vorbereitung häufig die meiste Zeit in Anspruch. Im folgenden Kapitel zeigen wir Ihnen Schritt für Schritt, wie zum Beispiel eine Schalotte richtig in Würfel geschnitten wird, wie man Fenchel in Scheiben schneidet oder wie man Spinat schnell und einfach reinigt. Auf alle Fragen zur richtigen Vorbereitung von Zutaten finden Sie in diesem Kapitel eine Antwort.

Zwiebeln würfeln

1 Die Zwiebel halbieren
Die Zwiebel mit einem Messer einmal längs halbieren. So lässt sie sich leichter schälen, und die Hälften haben eine große, stabile Auflagefläche für die weitere Verarbeitung.

2 Die Zwiebel schälen
Die Zwiebelschale an der Spitze mit dem Messer anheben und abziehen. Hat die oberste Lage fleckige oder harte Stellen, sollte sie ebenfalls abgezogen werden.

3 Enden abschneiden
Beide Enden kürzen; dabei den Wurzelansatz intakt lassen. Die Zwiebelhälften mit der Schnittseite nach unten auf das Schneidebrett legen.

4 Längs in Scheiben schneiden
Die Zwiebel zu beiden Seiten mit der freien Hand festhalten. Mit einem Messer in regelmäßigen Abständen senkrecht bis zum Wurzelansatz einschneiden, aber nicht durchschneiden.

5 Waagerecht schneiden
Die Finger der freien Hand auf die Zwiebel legen und die Scheiben zusammenhalten. In regelmäßigen Abständen waagerecht einschneiden.

6 Würfeln
Die Zwiebelhälfte mit den Fingern zusammenhalten und nun quer in Würfel schneiden. Um die Würfel zu hacken, die Klinge in wiegenden Bewegungen über die Würfel führen.

Schalotten würfeln

1 Einzelne Zwiebeln trennen

Manchmal bestehen Schalotten aus mehreren Zwiebeln, ähnlich wie Knoblauchknollen, die zuerst voneinander getrennt werden müssen.

2 Schalotte halbieren

Wenn Sie noch keine Erfahrung im Würfeln von Schalotten haben, sollten Sie am Anfang lieber ein kleineres Schälmesser verwenden. Die Schalotte einmal längs halbieren.

3 Schale entfernen

Die Schalottenschale an der Spitze mit dem Messer anheben und abziehen. Hat die oberste Lage fleckige oder harte Stellen, sollte sie ebenfalls abgezogen werden.

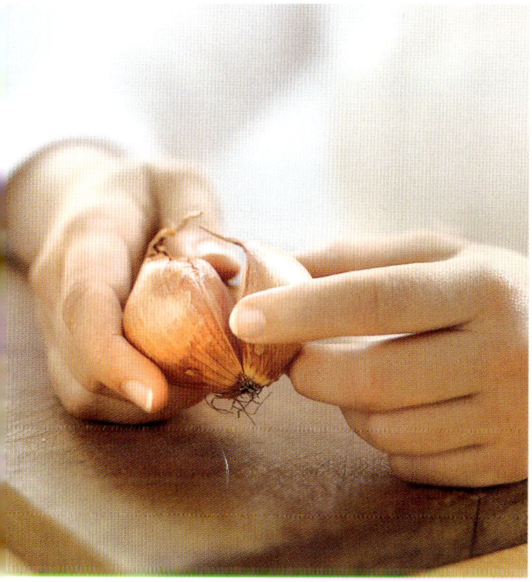

4 Senkrecht einschneiden

Die Schalotte zu beiden Seiten festhalten. Mit einem Messer in regelmäßigen Abständen senkrecht bis zum Wurzelansatz einschneiden, aber nicht durchschneiden.

5 Waagerecht einschneiden

Die Finger der freien Hand auf die Schalotte legen und die Scheiben zusammenhalten. In regelmäßigen Abständen waagerecht einschneiden.

6 Würfeln

Nun kann die Schalotte quer in Würfel geschnitten werden. So erhalten Sie einheitlich große Würfel, die gleichmäßig gedünstet werden können.

Knoblauch hacken

1 **Die Schale lösen**
Ein Messer flach auf die Zehe drücken. Für gepressten oder fein gehackten Knoblauch kann die Zehe etwas zerdrückt werden. Für Scheiben leicht andrücken, damit die Zehe intakt bleibt.

2 **Schälen und halbieren**
Durch den Druck platzt die Schale und lässt sich leicht abziehen. Die Knoblauchzehe längs halbieren und mit den Schnittflächen nach unten auf das Schneidebrett legen.

GEWUSST WIE

Bei älterem Knoblauch wächst in den Zehen bereits ein grüner Keim, der, wird er nicht entfernt, dem Gericht einen bitteren Geschmack verleihen kann. Der Trieb sollte deshalb mit einer Messerspitze entfernt werden.

3 **In Scheiben schneiden**
Die Hälften nun in sehr dünne Scheiben schneiden. Wenn Sie den Knoblauch gehackt verwenden möchten, legen Sie nun die Scheiben aufeinander auf das Schneidebrett.

4 **Knoblauch hacken**
Die Messerspitze mit den Fingern der freien Hand auf dem Brett fixieren und die Klinge in wiegenden Bewegungen über die Knoblauchscheiben führen, bis diese grob gehackt sind.

5 **Knoblauch fein hacken**
Gelegentlich die Knoblauchstückchen von der Messerklinge abstreifen und in der Mitte des Schneidebretts aufhäufen. Weiterhacken, bis die Stückchen sehr klein sind.

TECHNIK

Frühlingszwiebeln in Ringe schneiden

1 **Den Wurzelansatz abtrennen**
Den Wurzelansatz der Frühlingszwiebeln mit einem Messer abschneiden.

GEWUSST WIE

Fühlt sich die äußere Zwiebelschicht bei der Vorbereitung glitschig an, sollte diese entfernt werden. Frühlingszwiebeln lassen sich im Kühlschrank in einem perforierten Gefrierbeutel sehr gut einige Tage aufbewahren.

2 **Die Stiele putzen**
Verwelkte oder verfärbte Blätter wegwerfen. Die harten oberen Enden der Blätter entfernen und nur den zarten weißen und den unteren grünen Teil verwenden.

3 **Frühlingszwiebeln in Ringe schneiden oder hacken**
Für Ringe die Frühlingszwiebeln nebeneinanderplatzieren und quer in Ringe schneiden. Zum Hacken die Ringe mit einem Messer fein hacken.

TECHNIK

Chilis hacken

1 **Kerne und innere Rippen entfernen**
Die Chili längs vierteln, Stiel, Kerne und Rippen (nach Belieben) entfernen, um die Schärfe zu reduzieren.

2 **Die Chili fein hacken**
Die Viertel in etwa 3 mm breite Streifen schneiden. Diese nebeneinanderplatzieren und quer in 3 mm breite Würfel schneiden. Dabei Einmalhandschuhe tragen.

TECHNIK

Zarte, großblättrige Kräuter zerkleinern

1 **Frische Kräuter auswählen**
Zarte, großblättrige Kräuter wie Estragon (oben links), glatte Petersilie (rechts) und Koriander (unten) schmecken wunderbar. Beim Kauf auf Frische und einen intensiven Duft achten.

2 **Die Blätter vom Stängel zupfen**
Die Kräuter abbrausen, trocken tupfen und die Blätter mit Daumen und Zeigefinger behutsam von den Stängeln zupfen. Verwelkte Blätter und Stängel aussortieren.

3 **Die Blätter hacken**
Die Blätter auf ein Schneidebrett geben. Die Messerspitze mit den Fingern auf dem Schneidebrett fixieren und die Klinge über die Blätter führen.

4 **Die Blätter fein hacken**
Das Messer weiter über den Kräutern auf und ab bewegen, bis die Blätter gleichmäßig fein oder sehr fein gehackt sind.

TECHNIK

Schnittlauch schneiden

1 **Den Schnittlauch verlesen**
Verwelkte oder gelbe Schnittlauchhalme aussortieren. Den Schnittlauch abspülen, trocken tupfen und ein paar Halme zu einem kleinen Bund zusammenfassen.

2 **Den Schnittlauch zerschneiden**
Die Halme mit einer Küchenschere in kleine Röllchen oder, je nach Rezept, in etwas längere Stücke schneiden. Sie können den Schnittlauch natürlich auch mit einem Messer zerkleinern.

TECHNIK

Kleinblättrige Kräuter zerkleinern

1 **Frische Kräuter auswählen**
Kräuter mit kleinen Blättern, wie Thymian (rechts), Majoran (links) und Oregano (oben) haben harte Stiele und feste Blätter. Beim Kauf auf Frische und ein intensives Aroma achten.

2 **Die Blätter vom Stängel zupfen**
Die Kräuter abspülen, trocken tupfen und die Blätter mit Daumen und Zeigefinger behutsam von den Stängeln streifen. Stängel und verwelkte Blätter aussortieren.

3 **Die Blätter hacken**
Die Blätter auf ein Schneidebrett geben. Die Messerspitze mit den Fingern auf dem Schneidebrett fixieren und die Klinge über die Blätter führen.

4 **Die Blätter sehr fein hacken**
Das Messer weiter über den Kräutern auf und ab bewegen, bis die Blätter gleichmäßig fein oder sehr fein gehackt sind.

TECHNIK

Rosmarin hacken

1 **Die Blätter abstreifen**
Die festen Rosmarinblätter mit Daumen und Zeigefinger behutsam von den Stängeln streifen.

2 **Die Blätter sehr fein hacken**
Die Messerspitze mit den Fingern auf dem Schneidebrett fixieren und die Klinge über die Blätter führen. Rosmarin sollte sehr fein gehackt werden, da die Blätter sehr fest sind.

TECHNIK

Feste, großblättrige Kräuter zerkleinern

1 Frische Kräuter auswählen
Kräuter wie Basilikum (oben links), Salbei (oben rechts) und Minze (unten) besitzen große, feste Blätter, die abgezupft und in dünne Streifen geschnitten werden.

2 Die Blätter vom Stängel zupfen
Die Kräuter abbrausen, trocken tupfen und die Blätter einzeln von den Stängeln zupfen. Stängel und verwelkte Blätter aussortieren.

3 Die Blätter stapeln und aufrollen
5 oder 6 Blätter übereinanderlegen, kleine Blätter oben platzieren. Den Stapel längs eng aufrollen. Dies gilt nicht für die eher schmalen Salbeiblätter.

4 Die Blätter in Streifen schneiden
Die Blätter quer in dünne Streifen schneiden. Diese werden auch Chiffonade genannt. Zum Hacken die Streifen aufhäufen und das Messer darüber auf und ab bewegen.

TECHNIK

Nüsse, Kerne & Samen rösten

1 Nüsse, Kerne & Samen rösten
Nüsse, Kerne oder Samen in einer Pfanne bei mittlerer Hitze erwärmen und unter Rühren trocken rösten.

2 Abkühlen lassen
Sobald sie zu duften beginnen und eine goldgelbe Farbe annehmen, auf einem Teller abkühlen lassen. Bei Samen dauert das Rösten 3 Minuten, bei Nüssen und Kernen bis zu 5 Minuten.

TECHNIK

Frische Semmelbrösel herstellen

1 **Das Brot trocknen (wenn nötig)**
Festes Brot vom Vortag in Scheiben schneiden. Die Scheiben über Nacht flach auf ein Backblech legen und so trocknen. Alternativ 2 Tage altes Brot verwenden.

2 **Die Scheiben zerkleinern**
Die Küchenmaschine gemäß Bedienungsanleitung zum Brotraspeln einstellen. Die Brotscheiben in Stücke reißen und hineingeben. Alternativ einen Mixer verwenden.

3 **Zu Semmelbröseln verarbeiten**
Die Brotstücke in der Küchenmaschine oder dem Mixer mit der Intervallfunktion fein zerkleinern. Falls nötig in mehreren Portionen arbeiten, damit alles gleichmäßig zerkleinert wird.

4 **Die Brösel in eine Schüssel geben**
Die Brösel in eine Schüssel geben, um die für das Rezept erforderliche Menge abzumessen. Die Semmelbrösel können auch in Butter oder Öl gewendet oder geröstet werden.

TECHNIK

Speck würfeln

1 **Den Speck in Streifen schneiden**
Den Speck in dicke Scheiben schneiden. Je 2 oder 3 Scheiben auf einem Schneidebrett übereinanderlegen und längs in gleichmäßige dünne Streifen schneiden.

2 **Den Speck würfeln**
Die Speckstreifen quer in 6 mm breite Würfel schneiden.

TECHNIK

Zitrone abreiben & auspressen

1 **Zitrone abreiben**
Brauchen Sie sowohl den Saft als auch die abgeriebene Schale, sollte zuerst die Schale abgerieben werden. Mithilfe einer feinen Reibe wird nur die gelbe Außenschale dünn abgerieben.

2 **Reibe reinigen**
Vergessen Sie nicht, den Zitronenabrieb auch von der Rückseite der Reibe abzuschaben.

3 **Zitrone halbieren**
Vor dem Ausdrücken die Zitrone mit etwas Druck über die Arbeitsfläche rollen. Dann die Frucht mit einem Messer quer durchschneiden.

4 **Die Zitrone ausdrücken**
Um möglichst viel Saft zu erhalten, sollten Sie eine Zitruspresse verwenden. Den Saft durch ein Sieb gießen, um eventuelle Kerne zu entfernen.

TECHNIK

Brokkoli putzen

1 **Die Stiele putzen und schälen**
Harte Strunkenden mit einem Messer etwa 2,5 cm breit abschneiden und alle Blätter entfernen. Die Röschen vom Strunk abschneiden und die Stiele mit dem Messer schälen.

2 **Röschen und Stiele vorbereiten**
Die Stiele abtrennen, dann Stiele und Röschen in mundgerechte Stücke schneiden. Alternativ die Stiele mitsamt Röschen längs in mehrere gleichmäßig große Teile schneiden.

TECHNIK

Blumenkohl zerteilen

1 **Den Strunk herausschneiden**
Die Blätter und den Strunk abschneiden. Den inneren Strunk herausschneiden, bei Bedarf schälen, in Stücke schneiden und zusammen mit den Röschen garen.

2 **In Röschen teilen**
Den Blumenkohl auseinanderbrechen und die einzelnen Röschen trennen. Größere Röschen halbieren oder vierteln. Stiele können geschält, gehackt ebenfalls verwendet werden.

TECHNIK

Rot- oder Weißkohl zerkleinern

1 **Den Kohl halbieren**
Verwelkte oder beschädigte Blätter entfernen. Den Kohl mit einem Messer längs durch den inneren Strunk halbieren.

2 **Den Kohl vierteln**
Den Kohl mit der Schnittseite nach unten auf ein Schneidebrett legen und noch einmal durch den Strunk halbieren.

3 **Den Strunk entfernen**
Ein Kohlviertel mit einer Schnittseite nach unten auf das Schneidebrett legen. Den inneren Strunk abschneiden. Ebenso mit allen verbliebenen Vierteln verfahren.

4 **In Streifen schneiden.**
Jedes Kohlviertel quer in schmale Streifen schneiden. Dabei auf die im Rezept angegebene Breite achten.

Grünes Blattgemüse putzen und säubern

1 Die Blätter verlesen
Die Blätter gründlich verlesen und verwelkte, verfärbte oder beschädigte Blätter aussortieren.

2 Stiele von zartem Blattgemüse entfernen
Bei Blattgemüse mit zarten Blättern (Spinat) jedes Blatt entlang des Stiels nach innen falten. Den Stiel greifen und rasch nach oben abziehen.

3 Stiele von hartem Blattgemüse entfernen
Bei härterem Blattgemüse wie Mangold oder Grünkohl den harten, mittigen Stiel in V-Form entlang des Blattes ausschneiden.

4 Die Blätter waschen
Die Schüssel einer Salatschleuder mit Wasser füllen. Das Sieb hineinsetzen, die Blätter zugeben und hin und her bewegen. Das Wasser so oft wechseln, bis kein Sand mehr sichtbar ist.

5 Die Blätter trocknen
Die Blätter je nach Rezept trocknen oder feucht lassen. In der Salatschleuder lassen sich die Blätter sehr leicht in mehreren Portionen trocken schleudern.

GEWUSST WIE

Großes Blattgemüse zerkleinern: Ein paar Blätter aufeinanderlegen und aufrollen. Quer in dünne Streifen schneiden. Rollt man die wasserhaltigen Blätter nicht auf, kann sehr viel Flüssigkeit auslaufen.

Fenchel verarbeiten

1 **Die Stiele putzen**
Die Stiele mit dem Fenchelgrün bis zum Knollenansatz abschneiden. Je nach Rezept das Fenchelgrün beiseitelegen und zum Würzen oder Garnieren verwenden.

2 **Verfärbte Stellen entfernen**
Holzige oder verfärbte Stellen an der Außenseite der Knolle mit einem Sparschäler abschälen. Wenn die äußere Schicht im Ganzen welk oder braun ist, diese vollständig entfernen.

3 **Die Fenchelknolle halbieren**
Den Fenchel mit einem Kochmesser von oben nach unten durch den Strunk halbieren.

4 **Die Hälften in Spalten schneiden**
Erfordert das Rezept die Verwendung von Spalten, jede Hälfte längs in etwa 4 Spalten schneiden. Den Strunk nicht abschneiden, denn er hält die Spalten beim Garen zusammen.

5 **Den Fenchel in dünne Streifen schneiden**
Um den Fenchel in dünne Streifen zu schneiden, den Strunk herausschneiden und die Fenchelhälften längs oder quer in Streifen schneiden.

6 **Das Fenchelkraut fein hacken (nach Belieben)**
Das Fenchelgrün abspülen und von den Stielen trennen. Die Messerklinge über dem Grün auf und ab bewegen, bis es fein gehackt ist.

TECHNIK

Rosenkohl vorbereiten

1 Die Strunkenden abschneiden
Mit einem Schälmesser die Strunkenden des Rosenkohls abschneiden und verwelkte oder gelbe Blätter entfernen.

2 Den Rosenkohl zerkleinern
Größere Röschen längs halbieren oder vierteln, damit sie ebenso groß sind wie die kleineren Röschen. Nur so werden alle Röschen gleichzeitig gar.

TECHNIK

Runde Gemüsesorten verarbeiten

1 Wurzel- und Stielansatz abtrennen
Den Stiel- und Wurzelansatz mit einem Messer abschneiden, wie hier am Beispiel der Rübe gezeigt. Die Rübe aufrecht auf ein Schneidebrett stellen und oben mit den Fingerspitzen fixieren.

2 Schälen
Mit einem Schälmesser der Kontur der Knolle folgen und die Schale in langen Streifen ablösen. Geübtere können kleine Knollen auch in die Hand nehmen und schälen.

3 Die Knolle zerkleinern
Mit dem Kochmesser die Knolle wie im Rezept angegeben zerkleinern. Meist werden 5 cm breite Stücke oder Spalten benötigt.

GEWUSST WIE

Wurzelgemüse verfärbt sich beim Kontakt mit Luft schnell. Wer das Gemüse nicht sofort verwendet, sollte es daher in kaltem Wasser aufbewahren. Bei Steckrüben und Sellerieknollen noch etwas Zitronensaft ins Wasser geben.

TECHNIK

Kürbis vorbereiten

1 **Den Kürbis halbieren**
Bei Butternuss-Kürbis (hier abgebildet) die Oberseite abschneiden und beide Teile senkrecht halbieren.

2 **Die Kerne herauskratzen**
Die inneren Kerne und sämtliche Fäden mit einem Metalllöffel herauskratzen. Im oberen Teil des Butternuss-Kürbisses befinden sich keine Kerne.

TECHNIK

Frische Pilze vorbereiten

1 **Die Pilze abbürsten**
Die Pilze mit einer weichen Gemüsebürste von sämtlichen Erdresten befreien. Hartnäckigen Schmutz mit einem feuchten Tuch oder Küchenpapier abwischen. Kleine Champignons können auch kurz abgespült werden.

2 **Die Stiele putzen**
Die Stielenden mit einem Messer abtrennen und entsorgen, da diese Partien oft angetrocknet sind.

GEWUSST WIE

Wenn der gesamte Pilzstiel holzig ist, sollte er komplett entfernt werden. Shiitake-Stiele sind meist holzig und sollten daher nicht mitgegart werden.

3 **Bei Bedarf die Lamellen entfernen**
Bei sehr großen Champignons sollten die Lamellen entfernt werden, da sie andere Zutaten einfärben können. Die Lamellen mit einem Löffel herauslösen und die Hüte weiterverarbeiten.

3

Gemüse kochen & dämpfen

Kochen und Dämpfen sind als Garmethoden für fast jede Gemüsesorte geeignet, sie sind leicht zu erlernen und daher auch Anfängern zu empfehlen. In beiden Fällen kommt kochendes Wasser zum Einsatz – beim Kochen wird das Gemüse direkt im Wasser, beim Dämpfen hingegen im aufsteigenden Dampf gegart. Wichtig ist es, das Gemüse auf den Punkt zu garen: Es sollte zart, aber noch etwas bissfest sein.

2

3

GRUNDREZEPT

Klassisches Kartoffelpüree

Für die Zubereitung von Kartoffelpüree sind mehlig kochende Kartoffeln am besten geeignet, da sie mehr Stärke enthalten als festkochende Sorten und auch Milch und Butter gut aufnehmen. Für ein feines Püree eine Kartoffelpresse und für ein gröberes Püree einen Kartoffelstampfer verwenden.

1,25 kg mehlig kochende Kartoffeln, z. B. Bintje, oder vorwiegend festkochende Kartoffeln, z. B. Désirée

1 ½ TL Meersalz

125 ml Milch oder eine Mischung aus Milch und Sahne

100 g Butter, zimmerwarm

⅛ TL frisch gemahlener weißer Pfeffer

ERGIBT 4–6 PORTIONEN

1 Kartoffeln vorbereiten

Es empfiehlt sich, mehlig kochende Kartoffeln mit Schale zu garen, da die Schale noch zusätzliches Aroma verleiht. Außerdem nehmen die sehr stärkehaltigen Kartoffeln in Stücke geschnitten viel Wasser auf und können dann Milch und Butter nicht mehr so gut aufnehmen. Die Kartoffeln abbürsten und in einen großen Topf geben. (Bei Zeitmangel und vorwiegend festkochenden Kartoffeln, die Kartoffeln schälen und in 5 cm große Stücke schneiden. Einen großen Topf zur Hälfte mit Wasser füllen und die Kartoffelstücke hineingeben.)

2 Kartoffeln kochen

Ganze Kartoffeln im Topf 2,5 cm hoch mit Wasser bedecken. Bei den Kartoffelstücken gegebenenfalls mehr Wasser hinzufügen, bis es ebenfalls 2,5 cm über den Kartoffeln steht. 1 Teelöffel Salz zufügen und das Wasser bei starker Hitze zum Kochen bringen. Die Hitze reduzieren, bis nur noch gelegentlich kleine Bläschen an die Oberfläche steigen. Den Topf abdecken und die Kartoffeln gar köcheln lassen. Mit einer Messerspitze einstechen, um den Gargrad zu prüfen. Ganze Kartoffeln sind in 25–30 Minuten, Stücke in etwa 18 Minuten gar.

3 Ganze Kartoffeln schälen

Die Kartoffeln auf ein Schneidebrett setzen. Das Wasser abgießen und den Topf beiseitestellen. Die Schale einer Kartoffel mit der Spitze eines Messers längs einschneiden und an dieser Stelle mit dem Schälen beginnen. Die Kartoffel fixieren und die Schale vorsichtig ablösen. Die geschälte Kartoffel in den Topf geben, abdecken und die restlichen Kartoffeln schälen. Die Schalen wegwerfen.

4 Kartoffelstücke abgießen und trocken dampfen

Ein großes Sieb in die Spüle stellen. Kartoffelstücke und Kochwasser in das Sieb ausschütten; dabei darauf achten, dass Sie nicht mit dem heißen Dampf in Berührung kommen. Die Kartoffelstücke zurück in den leeren Topf geben und bei geringer Hitze erwärmen. Die Kartoffeln etwa 1 Minute trocken dampfen lassen, dabei gelegentlich am Topf rütteln. Abdecken und beiseitestellen.

5 Püriermethode auswählen

Welche Methode zum Pürieren verwendet wird, hängt ganz davon ab, welche Küchengeräte zur Verfügung stehen und welche Konsistenz das Püree aufweisen soll. Mit einem Kartoffelstampfer wird ein gröberes Ergebnis erzielt (siehe Seite 49), mit einer Kartoffelpresse hingegen ein feineres (siehe Seite 50).

PROFITIPP

Kartoffelpüree kann mit Flüssigkeiten wie Vollmilch, fettarmer Milch, halb Milch und halb Sahne sowie Sojamilch angerührt werden. Je höher der Fettgehalt, desto reichhaltiger wird auch das Püree. Das Kochwasser lässt sich übrigens auch zum Anrühren verwenden. Einfach in Schritt 3 bzw. 4 etwas Wasser beim Abgießen auffangen und später unter das Püree rühren.

Um das beste Ergebnis zu erzielen, sollte die dem Püree hinzugefügte Flüssigkeit warm sein. Mit kalter Flüssigkeit wird die Konsistenz schnell zu fest.

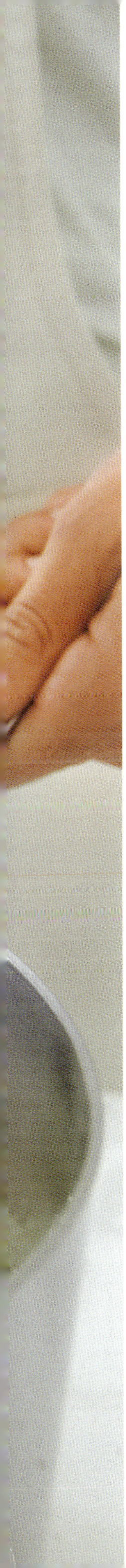

Butter mit Zimmertemperatur schmilzt schneller und lässt sich gleichmäßiger im Püree verteilen als kalte Butter.

Kartoffelpüree mit einem Stampfer zubereiten

1 Milch oder Milch-Sahne-Mischung erhitzen

Die Flüssigkeit zum Anrühren des Kartoffelpürees immer anwärmen, denn so bleiben die Kartoffeln warm, und das Püree erhält eine lockere Konsistenz. Bei der Zugabe von kalter Flüssigkeit dehnt sich die in den Kartoffeln enthaltene Stärke aus, das Püree wird fest und klebrig. Die Milch in einem kleinen Topf bei mittlerer Hitze erwärmen. Die Milch beobachten und sofort vom Herd nehmen, sobald sich kleine Bläschen an den Topfrändern bilden. Andernfalls brennt Milch schnell an. Den Backofen auf 100 °C vorheizen und eine Schüssel darin anwärmen.

2 Kartoffeln zerdrücken

Mit einem Kartoffelstampfer können Kartoffeln schnell und einfach zu einem etwas gröberen Püree zerdrückt werden. Dies ist besonders bei vorwiegend festkochenden Kartoffeln empfehlenswert. Den Stampfer fest in die Kartoffeln hineindrücken und langsam durch den gesamten Topf auf und ab bewegen. So lange wiederholen, bis die Kartoffeln gleichmäßig zerstampft sind. Darauf achten, dass auch die Kartoffeln am Rand und in der Mitte gut zerdrückt werden. Den Stampfer beiseitelegen und für die weiteren Arbeitsgänge einen Holzlöffel zur Hand nehmen. Mit dem Löffel wird das Püree noch etwas feiner.

3 Butter und warme Milch unterrühren

Den Topf mit den zerstampften Kartoffeln bei geringer Hitze zurück auf den Herd stellen und die Butter mit dem Holzlöffel unterrühren. Portionsweise jeweils 50 ml der warmen Milch unter das Püree rühren. Unter Umständen wird nicht die gesamte Menge benötigt. Nur so viel Milch zufügen, bis das Püree die gewünschte Konsistenz besitzt. Dann den verbliebenen ⅓ Teelöffel Salz und den Pfeffer unterrühren.

4 Abschmecken und Konsistenz prüfen

Das Püree kosten. Sollte es noch zu mild schmecken, ein wenig Salz und/oder Pfeffer zufügen. Soll die Konsistenz etwas cremiger sein, noch etwas Butter oder warme Milch unterrühren. Umrühren und erneut kosten, bis der gewünschte Geschmack und die bevorzugte Konsistenz erreicht sind. Nicht zu viel rühren, da das Püree sonst zäh und klebrig wird.

5 Püree servieren

Das Kartoffelpüree mit einem Spatel sorgfältig aus dem Topf löffeln und in die angewärmte Schüssel geben. Sofort servieren.

Kartoffelpüree mit einer Kartoffelpresse zubereiten

1 Milch oder Milch-Sahne-Mischung erhitzen

Die Flüssigkeit zum Anrühren des Kartoffelpürees immer anwärmen, denn so bleiben die Kartoffeln warm, und das Püree erhält eine lockere Konsistenz. Die Milch in einem kleinen Topf bei mittlerer Hitze erwärmen. Die Milch beobachten und sofort vom Herd nehmen, sobald sich kleine Bläschen an den Topfrändern bilden. Andernfalls brennt Milch schnell an. Den Backofen auf 100 °C vorheizen und eine Schüssel darin anwärmen.

2 Kartoffeln pressen

Mit einer Kartoffelpresse erhält man ein sehr feines, cremiges Püree. Die Kartoffeln in eine große Schüssel geben und den Topf beiseitestellen. Bei einer Presse mit verschiedenen Locheinsätzen den Einsatz mit großen Löchern auswählen, da sich die Kartoffeln so leicht durchdrücken lassen. Ein paar Kartoffeln mit einem großen Löffel in die Presse geben, die Presse über den noch warmen Topf halten und die beiden Griffe zusammendrücken. Die gepressten Kartoffeln fallen in den warmen Topf und behalten so eine lockere Konsistenz. Ebenso mit allen verbliebenen Kartoffeln verfahren.

3 Butter und warme Milch unterrühren

Den Topf mit den zerdrückten Kartoffeln bei geringer Hitze wieder auf den Herd stellen und die Butter mit dem Holzlöffel unterrühren. Portionsweise jeweils 50 ml der warmen Milch unter das Püree rühren. Unter Umständen wird nicht die gesamte Menge benötigt. Nur so viel Milch zufügen, bis das Püree die gewünschte Konsistenz besitzt. Dann den verbliebenen ½ Teelöffel Salz und den Pfeffer unterrühren.

4 Abschmecken und Konsistenz prüfen

Das Püree kosten. Sollte es noch zu mild schmecken, ein wenig Salz und/oder Pfeffer zufügen. Soll die Konsistenz etwas cremiger sein, noch etwas Butter oder warme Milch unterrühren. Umrühren und erneut kosten, bis der gewünschte Geschmack und die bevorzugte Konsistenz erreicht sind. Nicht zu viel rühren, da das Püree sonst zäh und klebrig wird.

5 Püree servieren

Das Kartoffelpüree mit einem Spatel sorgfältig aus dem Topf löffeln und in die angewärmte Schüssel geben. Sofort servieren.

Serviervorschläge

Kaum etwas ist verführerischer als ein schnörkelloser Löffel Kartoffelpüree, doch es gibt auch andere Präsentationsformen: Bereiten Sie gegrilltem Fleisch ein Bett aus Kartoffelpüree oder zerdrücken Sie die Kartoffeln mitsamt Schale, um so zusätzlichen Biss und Geschmack zu erzielen. Aus Püree-Resten lassen sich außerdem leckere Kartoffelbratlinge herstellen.

Ein Bett aus Kartoffelpüree (links oben)
Servieren Sie gebratenes oder gegrilltes Fleisch auf einem Bett aus Kartoffelpüree. Abgerundet wird das Ganze mit köstlichem Bratensaft oder einer Sauce.

Zerdrückte Kartoffeln mit Schale (links)
Kochen Sie Kartoffeln mit Schale und zerdrücken Sie sie anschließend mit einem Kartoffelstampfer. Verwenden Sie hier am besten Bioware, da die Schale häufig Pestizide enthält.

Kartoffelpüree-Bratlinge (oben)
Im Kühlschrank aufbewahrte Kartoffelpüree-Reste sind fest genug, um aus ihnen flache Bratlinge zu formen. 2 Esslöffel Olivenöl in einer beschichteten Pfanne erwärmen und die Bratlinge darin 5 Minuten auf jeder Seite goldgelb braten.

Kartoffelpüree-Variationen

Da Sie nun gelernt haben, gekochte Kartoffeln mithilfe von Milch und Butter in ein locker-leichtes Kartoffelpüree zu verwandeln, können Sie sich auch an die folgenden sechs Variationen dieses Klassikers wagen. Kartoffeln lassen sich zum Beispiel mit Gemüse wie Sellerie, Speiserübe, Kohl, Frühlingszwiebeln oder Knoblauch kombinieren, und die Butter kann durch Olivenöl ersetzt werden. Anstelle von Milch lässt sich auch eine Mischung aus Buttermilch und Ziegenfrischkäse verwenden. Außerdem harmonieren Kartoffeln mit fast allen Kräutern. Besonders ansprechend ist das appetitliche hellgrüne Kartoffelpüree mit Basilikum. Jede Variation ergibt 4–6 Portionen.

Kartoffelpüree mit Olivenöl & Knoblauch

Knoblauch harmoniert ganz wunderbar mit Kartoffelpüree. Hier wird der Knoblauch in Olivenöl angeschwitzt, um die Schärfe zu reduzieren und das Öl zu aromatisieren.

50 ml natives Olivenöl extra in einem Topf bei geringer Hitze erwärmen. **1 Esslöffel fein gehackten Knoblauch** darin unter Rühren dünsten, aber nicht anbräunen, bis der Knoblauch das Öl aromatisiert hat. Beiseitestellen.

250 ml Milch in einem Topf bei geringer Hitze erwärmen, bis sich kleine Bläschen am Topfrand bilden. Das Knoblauchöl unterrühren. Beiseitestellen.

Inzwischen **1,25 kg Kartoffeln** ganz oder geschält und in Stücke geschnitten in kochendem Salzwasser garen. Die ganzen Kartoffeln abgießen, schälen und zurück in den Topf geben. Die Stücke abgießen und trocken dampfen.

Die Kartoffeln zerstampfen oder pressen, dann nach und nach die warme Milchmischung sowie **½ Teelöffel Meersalz** und **⅛ Teelöffel frisch gemahlenen weißen Pfeffer** unterrühren. Abschmecken und sofort servieren.

Kartoffelpüree mit Basilikum

Dieses mit Basilikum aromatisierte Kartoffelpüree sollte auf jeden Fall mit mehlig kochenden Kartoffeln zubereitet werden. Da auf diese Weise keine oder nur wenig Flüssigkeit zugegeben werden muss, kommt das Aroma des Basilikums besonders gut zur Geltung.

1,25 kg mehlig kochende Kartoffeln in Stücke schneiden. In kochendem Salzwasser garen, abgießen und trocken dampfen.

Einen Topf zu drei Vierteln mit Wasser füllen und dieses zum Kochen bringen. **100 g Basilikumblätter** etwa 30 Sekunden ins kochende Wasser geben, bis sich ihre Farbe intensiviert. Abgießen, unter fließend kaltem Wasser abschrecken und abtropfen lassen. Das Basilikum in einem Mixer mit **1 Teelöffel grob gehacktem Knoblauch, 125 ml nativem Olivenöl extra** und **½ Teelöffel Meersalz** fein zerreiben. **50 g frisch geriebenen Parmesan** zufügen und im Mixer gut vermengen.

Die Kartoffeln zerstampfen oder pressen und mit dem Basilikumpüree mischen. Abschmecken. Bei Bedarf **125 ml warme Milch** zufügen. Sofort servieren.

Kartoffelpüree mit Buttermilch & frischem Ziegenkäse

Der würzige Geschmack dieser Mischung aus Kartoffeln, Buttermilch und Ziegenkäse harmoniert besonders gut mit Fleischgerichten.

1,25 kg Kartoffeln ganz oder geschält und in Stücke geschnitten in kochendem Salzwasser garen. Die ganzen Kartoffeln abgießen, schälen und zurück in den Topf geben. Die Stücke abgießen und trocken dampfen.

180 ml Buttermilch in einem Topf bei geringer Hitze erwärmen. (Nicht kochen lassen, da die Buttermilch sonst gerinnt.)

Die Kartoffeln zerstampfen oder pressen und mit **100 g zimmerwarmer Butter** mischen. Nach und nach die warme Buttermilch sowie **125 g zimmerwarmen, frischen Ziegenkäse, 2 Teelöffel Schnittlauchröllchen, ½ Teelöffel Meersalz** und **⅛ Teelöffel frisch gemahlenen weißen Pfeffer** unterrühren. Abschmecken. Mit Schnittlauchröllchen bestreuen und sofort servieren.

Kartoffelpüree mit Weißkohl & Frühlingszwiebeln

Dieses Rezept wurde von irischen Kartoffelgerichten inspiriert und schmeckt wunderbar würzig.

1,25 kg Kartoffeln ganz oder geschält und in Stücke geschnitten in kochendem Salzwasser garen. Die ganzen Kartoffeln abgießen, schälen und zurück in den Topf geben. Die Stücke abgießen und trocken dampfen.

Inzwischen **300 g Weißkohl** in dünne Scheiben schneiden und hacken. Bei mittlerer Hitze kurz in einer Pfanne andünsten und **180 ml Milch, 100 g Butter, ½ Teelöffel Meersalz** und **⅛ Teelöffel frisch gemahlenen weißen Pfeffer** zufügen. **1 Bund Frühlingszwiebeln** fein hacken (etwa 100 g) und mit dem Kohl unter gelegentlichem Rühren 12–15 Minuten dünsten, bis der Kohl gar ist.

Die Kohlmischung zu den Kartoffeln geben und mit einem Kartoffelstampfer gleichmäßig zerdrücken. Der Großteil des Kohls wird sich mit den Kartoffeln mischen und nur ein paar hellgrüne Spuren hinterlassen. **½ Teelöffel Meersalz** und **⅛ Teelöffel frisch gemahlenen weißen Pfeffer** einrühren. Abschmecken und sofort servieren.

Kartoffelpüree mit Sellerie

Knollensellerie und Kartoffel harmonieren ausgezeichnet. Sellerie lässt sich außerdem gut zerstampfen. Die Mengenangaben im Rezept sind unverbindlich. Da Sellerie eine eher wässrige Konsistenz hat, gilt: je mehr Sellerie, desto lockerer und weicher das Püree.

500–750 g Sellerie und genügend **Kartoffeln** bereitstellen, um ein Gesamtgewicht von **1,25 kg** zu erreichen. Die Sellerieknolle mit einem Messer schälen und unter fließend kaltem Wasser abspülen. Den Sellerie in 5 cm große Stücke schneiden und in einen großen, zur Hälfte mit kaltem Wasser gefüllten Topf (5 l Inhalt) geben.

Die Kartoffeln schälen, in 5 cm große Stücke schneiden und zum Sellerie in den Topf geben. Salzen, zum Kochen bringen und garen. Abgießen und trocken dampfen.

Das Gemüse zerstampfen oder pressen und **100 g zimmerwarme Butter, ½ Teelöffel Meersalz** und **⅛ Teelöffel frisch gemahlenen weißen Pfeffer** zufügen. Abschmecken und die Konsistenz prüfen. Für dieses Rezept wird vermutlich keine zusätzliche Flüssigkeit benötigt – sollte das Püree zu fest sein, kann es mit **125 ml warmer Milch** verdünnt werden. Sofort servieren.

Püree aus Yukon Gold & Speiserübe

Die Kartoffelsorte Yukon Gold mit ihrem nussigen Aroma und dem gelben Fleisch passt ausgesprochen gut zur süßen weißen Speiserübe. Frischer Thymian ergänzt die feinen Aromen.

750 g Yukon Gold oder andere mehlig kochende Kartoffeln schälen und in 5 cm große Stücke schneiden. In einen großen, zur Hälfte mit kaltem Wasser gefüllten Topf geben. **500 g Speiserüben** nach Belieben schälen (Winterware muss geschält werden, zarte Sommerware hingegen nicht) und in 4 cm große Stücke schneiden. Zu den Kartoffeln in den Topf geben und **1 kleinen frischen Thymianzweig** zufügen. Salzen und in kochendem Wasser garen. Abgießen, trocken dampfen und den Thymian entfernen.

125 ml Milch in einem kleinen Topf bei mittlerer Hitze erwärmen, bis sich an den Topfrändern kleine Bläschen bilden.

Das Gemüse zerstampfen oder pressen und **100 g zimmerwarme Butter** unterrühren. Nach und nach die warme Milch, **½ Teelöffel Meersalz** und **⅛ Teelöffel frisch gemahlenen weißen Pfeffer** zufügen. Abschmecken und die Konsistenz prüfen. Sofort servieren.

Gedämpfter Brokkoli mit Zitrone & Olivenöl

Beim Dämpfen erhält Brokkoli eine leuchtend grüne Farbe und wird im Handumdrehen wunderbar zart. Das aromatische Kohlgemüse wird hier durch fruchtiges Olivenöl, frische Zitronenschale und Zitronensaft sowie Frühlingszwiebel ergänzt.

750 g Brokkoli

50 ml natives Olivenöl extra

2 TL fein abgeriebene Zitronenschale (siehe Seite 38)

2 EL frisch gepresster Zitronensaft (siehe Seite 38)

2 EL fein gehackte Frühlingszwiebel (siehe Seite 33)

½ TL Meersalz

⅛ TL frisch gemahlener Pfeffer

ERGIBT 4–6 PORTIONEN

PROFITIPP

Den Brokkolistrunk sollten Sie nicht wegwerfen, sondern schälen (3–6 mm dick), in mundgerechte Stücke schneiden und zusammen mit den Röschen dämpfen. Sie sind ebenso zart und schmackhaft wie die Röschen. Gleiches gilt übrigens auch für Stiele und Strunk des Blumenkohls.

1 Brokkoli putzen und in Röschen teilen

Auf Seite 38 finden Sie eine ausführliche Anleitung zum Putzen von Brokkoli. Auf Wochenmärkten wird Brokkoli entweder als ein großer Strunk oder als Bund mit mehreren kleinen Strünken verkauft. Die grünen Blätter und etwa 2,5 cm vom Strunkende abschneiden. Den Strunk mit einem Messer oder einem Sparschäler schälen und die Stiele bis kurz vor den Röschen abschneiden. Stiele und Röschen in mundgerechte Stücke schneiden. Alternativ die Stiele mitsamt Röschen längs in mehrere gleichmäßig große Stücke zerkleinern. Unter fließend kaltem Wasser abspülen.

2 Würzzutaten mischen

Olivenöl, Zitronenschale und -saft sowie Frühlingszwiebel, Salz und Pfeffer in einer Schüssel mischen, die groß genug ist, um den Brokkoli zu fassen, und beiseitestellen.

3 Brokkoli dämpfen

Den Backofen auf 100 °C vorheizen und eine Schüssel darin anwärmen. Eine ausführliche Anleitung zum Dämpfen von Gemüse finden Sie auf Seite 20–21. Einen Topf etwa 2,5 cm hoch mit Wasser füllen. Den Dämpfeinsatz in den Topf setzen, das Wasser sollte nur bis kurz unter den Boden des Einsatzes reichen. Bei Bedarf Wasser abgießen oder hinzufügen. Den Topf abdecken und das Wasser bei starker Hitze zum Kochen bringen. Den Dämpfeinsatz gleichmäßig mit den Brokkolistücken auslegen. Abdecken und den Brokkoli etwa 4 Minuten dämpfen, bis er leuchtend grün und zart ist. Wenn sich bei der Garprobe eine Messerspitze leicht einschieben lässt, aber noch ein kleiner Widerstand zu spüren ist, ist der Brokkoli gar. Bei Bedarf 1 weitere Minute dämpfen.

4 Brokkoli mit den Würzzutaten vermengen

Die Schlaufe des Dämpfeinsatzes mit einem Topfhandschuh umfassen und den Einsatz aus dem Topf heben. Überschüssiges Wasser abschütteln und den Brokkoli in die Schüssel mit der Würzmischung geben. Vorsichtig vermengen.

5 Abschmecken und servieren

Den Brokkoli kosten. Schmeckt er noch zu mild, etwas mehr Salz und Pfeffer oder Zitronensaft zugeben. Das Gemüse in die angewärmte Schüssel geben und sofort servieren.

Variationen für gedämpftes Gemüse

Die Zubereitung von gedämpftem Brokkoli mit Zitrone & Olivenöl hat gezeigt, wie einfach es ist, leckeres Gemüse zuzubereiten. Blattgemüse ist schon nach wenigen Minuten gar, während man härtere Gemüsesorten wie Kartoffeln, Wurzelgemüse und Kürbis etwas länger dämpfen muss. Beim Dämpfen von festem Gemüse ist ein Topf mit integriertem Dämpfeinsatz empfehlenswert, da hier im Gegensatz zu einem Metallkorb mehr Wasser eingefüllt und damit auch länger gedämpft werden kann. Zur geschmacklichen Abrundung wird Olivenöl oder Butter verwendet, doch auch Sesamöl, gewürzte Butter oder Saucen schmecken wunderbar. Jede Variation ergibt 4–6 Portionen.

Blumenkohl in Curry-Butter

Würzige Butter und zarter Blumenkohl verbinden sich zu einem besonderen Geschmackserlebnis.

50 g zimmerwarme Butter, 2 Teelöffel Currypulver, 1 Teelöffel abgeriebene Zitronenschale, 1 Teelöffel frisch gepresster Zitronensaft, ½ Teelöffel Meersalz, ¼ Teelöffel Zucker, ⅛ Teelöffel gemahlene Muskatblüte und **⅛ Teelöffel Rosenpaprika** in einer Schüssel verrühren. Beiseitestellen.

Einen **Blumenkohl (etwa 750 g)** vom Strunk befreien und in Röschen zerteilen. Größere Röschen in mundgerechte Stücke schneiden.

Einen Dämpfeinsatz in einen Topf setzen, den Topf bis kurz unter den Boden des Einsatzes mit Wasser füllen und das Wasser zum Kochen bringen. Den Einsatz mit Blumenkohl auslegen. Den Topf abdecken und den Blumenkohl etwa 5 Minuten dämpfen, bis er gar, aber noch bissfest ist.

Den Blumenkohl in die angewärmte Schüssel geben. Die Curry-Butter und **2 Esslöffel frisch gehackte glatte Petersilie** zufügen und alles behutsam wenden. Abschmecken und sofort servieren.

Neue Kartoffeln mit Butter, Schalotten & Estragon

Frisch geerntete neue Kartoffeln mit ihrer zarten Schale sind zum Dämpfen einfach ideal.

750 g neue Kartoffeln oder andere kleine Kartoffeln behutsam abbürsten. Einen Dämpfeinsatz in einen Topf setzen, den Topf bis kurz unter den Boden des Einsatzes mit Wasser füllen und das Wasser zum Kochen bringen. Den Einsatz mit den Kartoffeln auslegen. Auf mittlere Hitze reduzieren, abdecken und je nach Größe der Kartoffeln 30–40 Minuten bissfest dämpfen. Alle 10 Minuten überprüfen, ob noch genügend Wasser vorhanden ist und bei Bedarf mehr heißes Wasser angießen.

3 Esslöffel fein gewürfelte Butter, 2 Esslöffel fein gewürfelte Schalotte, 2 Esslöffel fein gehackten frischen Estragon, 2 Esslöffel frisch gehackte glatte Petersilie, ¾ Teelöffel Meersalz und **⅛ Teelöffel frisch gemahlenen Pfeffer** in einer großen Schüssel verrühren.

Die Kartoffeln in die Schüssel geben und gut in Butter und Kräutern wenden. Abschmecken und sofort servieren.

Baby-Pak-Choi mit Sesamöl

Der kleine, kompakte Baby-Pak-Choi ist schon nach einigen Minuten Dämpfen gar und schmeckt mit ein paar Tropfen dunklem Sesamöl und gerösteter schwarzer und weißer Sesamsaat ganz hervorragend.

4 Baby-Pak-Choi à 150 g längs halbieren. Etwa 15 Minuten in einer Schüssel mit kaltem Wasser einweichen, um fest sitzende Erdreste abzulösen, dann gut abspülen.

Einen Dämpfeinsatz in einen Topf setzen, den Topf bis kurz unter den Boden des Einsatzes mit Wasser füllen und das Wasser zum Kochen bringen. Den Einsatz mit dem Pak Choi auslegen. Abdecken und den Kohl etwa 4 Minuten dämpfen, bis die Blätter leuchtend grün und die Stiele gar, aber noch etwas bissfest sind.

Den Pak Choi mit der Schnittseite nach oben auf eine angewärmte Platte geben. Jede Hälfte mit **¼ Teelöffel Sesamöl** beträufeln. Dann alle Stücke mit **½ Teelöffel Meersalz** sowie je **2 Teelöffeln gerösteter weißer und schwarzer Sesamsaat** bestreuen. Sofort servieren.

Rote Bete mit Salsa verde

Die pikante grüne Sauce aus Kräutern, Kapern und Knoblauch geht hier eine unvergleichliche Verbindung mit der Roten Bete ein.

Von 6 mittelgroßen oder 12 kleinen Roten Beten das Grün bis auf einen Rest von 2,5 cm abschneiden. Die Knollen gründlich waschen. Einen Dämpfeinsatz in einen Topf setzen, den Topf bis kurz unter den Boden des Einsatzes mit Wasser füllen und das Wasser zum Kochen bringen. Den Einsatz mit den Roten Beten auslegen. Auf mittlere Hitze reduzieren, abdecken und 25–40 Minuten gar dämpfen. Alle 10 Minuten überprüfen, ob noch genügend Wasser vorhanden ist und bei Bedarf heißes Wasser zugießen.

Für die Salsa verde 80 ml natives Olivenöl extra, 1 fein gewürfelte kleine Schalotte, 10 g frisch gehackte glatte Petersilie, 2 Esslöffel frisch gehackten Estragon, 1 Esslöffel abgespülte Kapern, 1 Teelöffel abgeriebene Zitronenschale, 1 zerdrückte Knoblauchzehe, ¼ Teelöffel Meersalz und ⅛ Teelöffel frisch gemahlenen Pfeffer in einer Schüssel mischen.

Die gedämpften Beten unter fließend kaltem Wasser abspülen und die Schale abziehen. Wurzel- und Stielansatz abschneiden und die Beten in Spalten schneiden.

Die Spalten in eine Schüssel geben. Kurz vor dem Servieren 2 Teelöffel frisch gepressten Zitronensaft unter die Salsa verde rühren. Dann 2 Esslöffel der Salsa zu den Beten geben und alles gut mischen (restliche Salsa für ein anderes Rezept verwenden). Abschmecken und heiß oder warm servieren.

Kürbis mit Salbei-Pekannuss-Butter

Kürbisfleisch, insbesondere Sorten wie Butternuss-Kürbis, ist ausgezeichnet zum Dämpfen geeignet.

Einen Kürbis à 1,5 kg mit einem großen Messer senkrecht durch den Stielansatz halbieren. Die Kerne herauskratzen und entsorgen. Jede Hälfte in 2 oder 3 Stücke schneiden, die gut in den Dämpfeinsatz passen. Jedes Stück mit ⅛ Teelöffel Meersalz bestreuen und leicht in das Fruchtfleisch einreiben.

Einen Dämpfeinsatz in einen Topf setzen, den Topf bis kurz unter den Boden des Einsatzes mit Wasser füllen und das Wasser zum Kochen bringen. Den Einsatz mit den Kürbisstücken auslegen. Auf mittlere Hitze reduzieren, abdecken und je nach Art und Größe der Kürbisstücke 30–45 Minuten gar dämpfen. Alle 10 Minuten überprüfen, ob noch genügend Wasser vorhanden ist, und bei Bedarf mehr heißes Wasser zugießen.

Eine kleine Pfanne bei mittlerer Hitze erwärmen und 50 g Butter darin zerlassen. Vom Herd nehmen und mit 50 g fein gehackten, gerösteten Pekannüssen, je 1 Esslöffel fein gehacktem frischem Salbei und frisch gehackter glatter Petersilie sowie 1 zerdrückte Knoblauchzehe, ¼ Teelöffel Meersalz und ⅛ Teelöffel frisch gemahlenem Pfeffer mischen.

Den gedämpften Kürbis mit der Innenseite nach oben auf eine angewärmte Platte geben. Die Buttermischung gleichmäßig über die Kürbisstücke träufeln und sofort servieren.

Wirsing mit Kümmel & saurer Sahne

Durch das Dämpfen wird der Kohl in diesem Rezept ganz besonders zart. Weißkohl ist hier ebenfalls geeignet, die krausen Blätter des Wirsings mit ihrem milden Kohlgeschmack nehmen die Gewürze aber ganz besonders gut auf und sind deshalb vorzuziehen.

Verwelkte oder beschädigte äußere Blätter von 1 Wirsing entfernen und den Kohl senkrecht durch den Wurzelansatz halbieren. Die Hälften jeweils an der dicksten Stelle in 4–6 cm breite Spalten schneiden. Den Wurzelansatz nicht entfernen, damit die Kohlblätter nicht auseinanderfallen.

Einen Dämpfeinsatz in einen breiten Topf setzen (diesmal auf jeden Fall einen Dämpfkorb verwenden, da er in der Breite mehr Fassungsvermögen für die Kohlspalten hat), den Topf bis kurz unter den Boden des Einsatzes mit Wasser füllen und das Wasser zum Kochen bringen. Den Einsatz mit den Wirsingspalten auslegen. Auf mittlere Hitze reduzieren, abdecken und etwa 15 Minuten gar, aber noch etwas bissfest dämpfen.

In einer Schüssel, die groß genug ist, um die Wirsingspalten zu fassen, 3 Esslöffel fein gewürfelte Butter, 3 Esslöffel saure Sahne, 1 Teelöffel Kümmelsamen, ¼ Teelöffel Meersalz und ⅛ Teelöffel frisch gemahlenen Pfeffer mischen.

Den gedämpften Wirsing in die Schüssel geben und mit einem großen Spatel behutsam in der Saure-Sahne-Mischung wenden. Sofort servieren.

Grüne und gelbe Bohnen mit Pesto

Diese in einem großen Topf mit Salzwasser gekochten grünen und gelben Bohnen sind ein perfektes, farbenfrohes Sommergericht. Unterschiedliche Bohnensorten sollten in separaten Töpfen gekocht werden, um den verschiedenen Garzeiten gerecht zu werden. Das Pesto verleiht den Bohnen nicht nur geschmacklich, sondern auch optisch den letzten Pfiff.

1 Bohnen vorbereiten

Die grünen Bohnen mit einem Schälmesser entstielen oder die Enden mit den Fingerspitzen abknipsen. Manchmal besitzen grüne Bohnen einen Faden, der gemeinsam mit dem Stiel entlang der gesamten Bohnenhülse abgezogen werden kann. Bei sehr jungen, zarten Bohnen muss die Bohnenspitze nicht entfernt werden. Wenn diese allerdings hart und holzig ist, sollte sie abgeschnitten werden. Die grünen Bohnen ganz lassen oder schräg halbieren oder dritteln. Beiseitestellen. Die gelben Wachsbohnen ebenfalls putzen und beiseitestellen.

2 Pesto zubereiten

Für den Pesto die Knoblauchzehen in einem Mörser gut zerstoßen. Nach und nach je eine Handvoll Basilikumblätter zufugen und ebenfalls zerstoßen. Dieser Vorgang ist recht langwierig und erfordert ein wenig Geduld. Nach und nach die Pinienkerne zugeben, zerstoßen und mit dem Basilikum mischen. Die Masse mit einem Spatel aus dem Mörser kratzen und in einer Schüssel mit dem Käse verrühren. Das Öl in einem dünnen Strahl unter Rühren eingießen, bis eine Paste entsteht. Mit ¼ Teelöffel Salz und ⅛ Teelöffel Pfeffer abschmecken.

3 Bohnen kochen

Zwei saubere Küchenhandtücher und eine große Schüssel, die genugend Platz für alle Bohnen bietet, beiseitestellen. Einen großen Topf zu drei Vierteln mit Wasser füllen, 2 Teelöffel Meersalz zufügen und das Wasser zum Kochen bringen. Die grünen Bohnen zugeben und etwa 10 Minuten garen. Nach 5 Minuten den Gargrad testen (schlanke, junge grüne Bohnen werden schneller gar). Dafür eine Bohne aus dem Topf heben und hineinbeißen. Die Bohne sollte gar, aber noch bissfest sein. Manche Bohnensorten sind bereits nach 5–6 Minuten, andere erst nach 10–12 Minuten gar. Die fertig gegarten grünen Bohnen mit dem Schaumlöffel aus dem Topf heben und auf einem Küchentuch abtropfen lassen. Die Wachsbohnen in das Wasser geben, auf dieselbe Weise garen (sie benötigen etwa 8–9 Minuten) und auf dem zweiten Küchentuch abtropfen lassen.

4 Bohnen und Pesto mischen

Alle Bohnen in die Schüssel geben und 3 Esslöffel Pesto zufügen. Den restlichen Pesto für ein anderes Rezept verwenden. Die Bohnen mit einem Spatel gut im Pesto wenden und kosten. Bei Bedarf noch etwas Salz oder Pesto zugeben und erneut abschmecken. In eine Schüssel geben und heiß oder warm servieren.

400 g grüne Bohnen

400 g gelbe Wachsbohnen

2 Teelöffel Meersalz

Für den Pesto

2 Knoblauchzehen

50 g frische Basilikumblätter, abgespült und trocken getupft

30 g Pinienkerne, geröstet (siehe Seite 36)

50 g frisch geriebener Pecorino oder Parmesan oder eine Mischung aus beiden

125 ml natives Olivenöl extra

¼ Teelöffel Meersalz

⅛ Teelöffel frisch gemahlener Pfeffer

ERGIBT 4–6 PORTIONEN

PROFITIPP

Salz ist wichtig, denn es unterstreicht den Geschmack des Gemüses. Bei schnell garendem Gemüse sollte das Kochwasser immer sofort, also vor dem Kochen, gesalzen werden. So läuft man auch nicht Gefahr, das Salz zu vergessen. Bei Gemüse mit langer Gardauer hingegen das Salz erst zufügen, wenn das Wasser bereits kocht. Wenn gesalzenes Wasser zu lange kocht, entwickelt es einen mineralischen Geschmack.

Maiskolben mit Chili-Limetten-Butter

Im Hochsommer geernteter Mais strotzt vor Aroma und wird besonders zart, wenn er ganz frisch, unmittelbar nach der Ernte zubereitet wird. In diesem Rezept umschmeichelt ihn mit Chili, Limette, Kreuzkümmel und Koriander aromatisierte Butter.

6–12 Maiskolben mit Blättern

Für die Chili-Limetten-Butter

125 g Butter, zimmerwarm

15 g fein gehackter frischer Koriander (siehe Seite 34)

2 Frühlingszwiebeln, fein gehackt (siehe Seite 33)

1 frische grüne Chili, entkernt und fein gewürfelt (siehe Seite 33)

abgeriebene Schale von 1 Limette (siehe Seite 38)

Saft von 1 Limette (siehe Seite 38)

½ TL gemahlener Kreuzkümmel

¼ TL Meersalz

ERGIBT 4–6 PORTIONEN

PROFITIPP

Beim Grillen erhält Mais ein leicht karamellartiges Röstaroma. Entweder einen Holzkohlegrill anfeuern oder einen Backofengrill vorheizen. Die Maiskolben von Blättern und Narbenfäden befreien und leicht mit zerlassener Butter bestreichen. Direkt über heißen Kohlen oder unter dem Backofengrill etwa 5 Minuten grillen, dabei alle 30 Sekunden wenden, bis der Mais rundum schön angebräunt ist.

1 Wasser zum Kochen bringen

Einen Topf zu drei Vierteln mit Wasser füllen und dieses zum Kochen bringen. Im Topf sollte ausreichend Platz für die Maiskolben sein. Wenn nötig, den Mais in 2 Portionen kochen. (Alternativ den Mais in 2 Portionen dämpfen. Dies geht schneller, da nur eine kleine Wassermenge erhitzt werden muss. Hierzu einen breiten Topf etwa 2,5 cm hoch mit Wasser füllen. Auf jeden Fall einen Dämpfkorb verwenden und in den Topf setzen, da er in der Breite mehr Fassungsvermögen für die Maiskolben besitzt. Wasser bis kurz unter den Boden des Korbs angießen und das Wasser zum Kochen bringen.)

2 Mais schälen

Inzwischen die Maiskolben von Blättern und Narbenfäden befreien. Fest sitzende Fäden mit den Händen oder einem feuchten Küchentuch abreiben. Sollten die Maiskolbenspitzen trocken sein, die Spitzen mit einem Messer kappen. Die Stiele abschneiden oder als Griff benutzen.

3 Mais kochen

Die Maiskolben in den Topf geben und etwa 5–7 Minuten bissfest garen. (Alternativ die Maiskolben in den Dämpfkorb legen, sobald das Wasser kocht. Den Topf abdecken und den Mais etwa 5 Minuten dämpfen, bis er gar, aber noch bissfest ist. Zur Garprobe ein paar Maiskörner vom Stielende des Kolbens abschneiden und kosten. Eine Platte mit einem sauberen Küchentuch auslegen, die Maiskolben mit einer Küchenzange aus dem Topf heben und auf dem Tuch abtropfen lassen.)

4 Chili-Limetten-Butter zubereiten

Während der Mais kocht, die Chili-Limetten-Butter herstellen. Dafür Butter, Koriander, Frühlingszwiebeln, Chili, Limettenschale und -saft, Kreuzkümmel und Salz in einer kleinen Schüssel gut verrühren. Abschmecken und bei Bedarf ein wenig mehr Salz oder Limettensaft zufügen.

5 Mais servieren

Die Maiskolben auf Teller verteilen. Falls der Stiel entfernt wurde, können auch Gabeln als Griffe verwendet werden. Jeden Maiskolben mit etwas Chili-Butter bestreichen oder die Butter in eine Schale geben und mit einem Buttermesser reichen. Sofort servieren.

4

Gemüse dünsten

Wie beim Dämpfen und Kochen wird auch beim Dünsten in Flüssigkeit gegart, jedoch in einer nur kleinen Menge (häufig in Form von Brühe oder Wein) und bei geringerer Temperatur. Feste Gemüsesorten wie Artischocken sind beim Dünsten nach etwa 20 Minuten gar, zarte Sorten wie Erbsen schon nach 3–4 Minuten. Aus dem Garsud kann dann meistens eine schmackhafte Sauce hergestellt werden.

2

3

GRUNDREZEPT

Gedünstete Artischocken mit Schalotten & Erbsen

Artischocken und Erbsen werden hier in einem aromatischen Mix aus Schalotten, Petersilie und Zitrone butterzart gedünstet. Ein abschließender Löffel Crème fraîche rundet das Gericht ab und führt alles in einer köstlichen, cremigen Sauce zusammen.

- 2 Zitronen
- 6 Artischocken à 250 g
- 2 große Schalotten
- 3 EL Olivenöl
- 1 frischer Thymianzweig oder 1/4 TL getrockneter Thymian
- 125 ml trockener Weißwein
- 375 ml Hühnerbrühe, plus etwas mehr für die Sauce
- 1/2 TL Meersalz
- 500 g frische, ungepalte Erbsen oder 150 g Erbsen, Tiefkühlware aufgetaut
- 1 kleine Knoblauchzehe
- 1 Bund frische glatte Petersilie
- 6–8 frische Minzeblätter
- 125 g Crème fraîche
- 1 TL Dijon-Senf
- 1/8 TL frisch gemahlener Pfeffer

ERGIBT 4–6 PORTIONEN

1 Zitronenschale abreiben und Saft auspressen

Eine ausführliche Anleitung zum Abreiben und Auspressen von Zitrusfrüchten finden Sie auf Seite 38. Von 1 Zitrone mit einer feinen Reibe die äußere, gelbe Schale abreiben, nicht aber die bittere Innenhaut darunter. 1 Teelöffel der Schale abmessen und beiseitestellen. Diese Zitrone quer halbieren und mit einer Zitruspresse oder einem hölzernen Presskegel ausdrücken. Auch die zweite Zitrone auspressen. Die ausgedrückten Zitronenhälften sowie Saft und Schale separat beiseitestellen.

2 Artischocken putzen

Eine große Glas- oder Metallschüssel zur Hälfte mit kaltem Wasser füllen und den Zitronensaft zufügen. Die Artischocken nach dem Putzen hineinlegen, um eine Verfärbung zu verhindern. Von 1 Artischocke die äußeren Blätter entfernen, bis man zu den helleren Blättern in der Mitte vordringt. Mit einem Messer etwa ein Drittel der Artischockenspitze abschneiden. Die Schnittseite an einer der beiseitegestellten Zitronenhälften reiben. Ebenso mit den verbliebenen Artischocken verfahren und währenddessen regelmäßig alle Schnittstellen mit Zitronensaft einreiben, um eine Verfärbung zu verhindern.

3 Stiel schälen und Heu entfernen

Den Stiel einer Artischocke mit einem Schalmesser abschälen und sämtliche kleinen grünen Blätter am Artischockenboden entfernen. Abgeknickte größere Außenblätter ebenfalls abschneiden. Die Artischocke mit einem Brotmesser längs vierteln. Das Heu und die stacheligen Blätter im Inneren der Artischocke mit einem Schälmesser entfernen. Die Viertel längs halbieren oder dritteln und so in Spalten schneiden. Die Spalten in die Schüssel mit dem Zitronenwasser geben. Ebenso mit den verbliebenen Artischocken verfahren und bei Bedarf mehr Wasser in die Schüssel geben. Die Stücke müssen von Wasser bedeckt sein. Manchmal treten kleine dunkle Flecken auf, die aber beim Kochen wieder verschwinden.

4 Schalotten würfeln

Eine genaue Anleitung zum Würfeln von Schalotten finden Sie auf Seite 31. Die Schalotten längs halbieren und schälen. Eine Schalottenhälfte mit der Schnittseite nach unten auf ein Schneidebrett legen. In mehreren Längsschnitten bis zur Wurzel ein-, aber nicht durchschneiden (so fällt die Schalotte beim Schneiden nicht auseinander). Waagerecht mehrere Schnitte machen und dann quer in Würfel schneiden. Mit der zweiten Schalotte ebenso verfahren.

Durch das Dünsten in Weißwein und Brühe entsteht ein aromatischer Garsud, aus dem später eine cremige Sauce hergestellt wird.

5 Schalotten andünsten

Eine breite, hohe Pfanne mit Deckel, einen flachen Topf oder einen flachen Schmortopf verwenden. Die Pfanne bei mittlerer Hitze erwärmen und das Olivenöl hineingeben. Schalotten und Thymianzweig zufügen und unter Rühren mit einem Holzlöffel etwa 1 Minute andünsten, bis die Schalotten zu duften beginnen.

6 Artischocken leicht anbräunen

Die Artischocken in einen Durchschlag abgießen und durch Schütteln überschüssiges Wasser entfernen. Rasch arbeiten, sonst verfärben sich die Artischocken. Die Artischocken zu den Schalotten in die Pfanne geben und bei starker Hitze unter gelegentlichem Rühren etwa 5 Minuten hellbraun anbraten.

7 Wein reduzieren

Mit dem Wein ablöschen und etwa 3 Minuten einkochen lassen, bis sich der Wein auf etwa 2 Esslöffel reduziert hat.

8 Artischocken dünsten

Den Backofen auf 100 °C vorheizen und eine Schüssel darin anwärmen. Hühnerbrühe und Salz in die Pfanne geben und einmal aufkochen. Sobald die Flüssigkeit zu sprudeln beginnt, auf mittlere bis geringe Hitze reduzieren, bis nur noch gelegentlich kleine Bläschen an die Oberfläche treten. Die Pfanne abdecken und etwa 12–15 Minuten kocheln lassen, bis die Artischocken sich beim Einstechen mit einer Messerspitze weich anfühlen. Inzwischen die verbliebenen Zutaten vorbereiten.

9 Erbsen palen

Die Erbsen erst kurz vor der Zubereitung aus ihren Hülsen befreien (palen), damit sie nicht austrocknen. Eine kleine Schüssel bereitstellen. Die Spitze einer Erbsenhülse leicht zusammendrücken und die Hülse so spalten. Durch Druck auf die Naht die gesamte Hülse öffnen. Die Erbsen mit dem Daumen entlang der Hülseninnenseite herausdrücken und in eine Schale fallen lassen. Die Hülse entsorgen. Ebenso mit den verbliebenen Erbsen verfahren. Benötigt werden etwa 150 g gepalte Erbsen.

10 Knoblauch hacken

Eine ausführliche Anleitung zum Zerkleinern von Knoblauch finden Sie auf Seite 32. Die Knoblauchzehe auf ein Schneidebrett legen und mit der flachen Klinge eines Kochmessers durch kräftigen Druck aufbrechen. Die Schale abziehen. Die Zehe längs halbieren und längs in dünne Scheiben schneiden. Die Scheiben in der Mitte des Schneidebretts aufhäufen. Die Messerspitze mit den Fingerspitzen fixieren und die Messerklinge auf und ab sowie nach links und rechts über die Knoblauchscheiben bewegen, bis sie gleichmäßig zerhackt sind.

12

13

14

11 Petersilie hacken

Eine genaue Anleitung zum Hacken von Petersilie finden Sie auf Seite 34. Die Blätter von den Stängeln zupfen und die Stängel entsorgen. Die Blätter in der Mitte des Schneidebretts aufhäufen. Die Blätter mit einem Messer in einer Wiegebewegung grob hacken.

12 Minze in feine Streifen schneiden

Eine ausführliche Anleitung zum Zerkleinern von Minze finden Sie auf Seite 36. Die Minzeblätter in zwei kleinen Stapeln übereinanderlegen. Jeden Stapel längs so eng wie möglich aufrollen. Die Blätter mit einem Kochmesser quer in dünne Streifen schneiden.

13 Knoblauch, Kräuter und Zitronenschale mischen

Knoblauch, Petersilie, Minze und Zitronenschale in eine kleine Schüssel geben. Gut mit einer Gabel mischen und beiseitestellen.

14 Erbsen zufügen und die Sauce zubereiten

Sobald die Artischocken gar sind, sollten etwa 125 ml Garsud übrig sein, um eine aromatische Sauce herstellen zu können. Falls zu viel Flüssigkeit verdampft ist, noch ein wenig Brühe oder Wasser zugießen. Den Thymianzweig zur Dekoration im Gericht belassen oder jetzt entfernen. Die Erbsen in die Pfanne geben und Crème fraîche und Senf zufügen. Bei geringer Hitze etwa 5 Minuten unter Rühren erhitzen, bis eine cremige, glatte Sauce entsteht und die Erbsen gar sind.

15 Abschmecken und servieren

Kräutermischung und Pfeffer unter das Gemüse rühren. Die Sauce abschmecken. Eventuell noch etwas Salz zufügen und nach Geschmack noch etwas Senf oder frische Minze unterrühren. Für eine cremigere Sauce etwas Crème fraîche und für eine dünnere Sauce etwas mehr Brühe zufügen. Das Gericht in die vorgewärmte Schüssel geben und sofort servieren.

Serviervorschläge

Gedünstetes Gemüse passt zu vielen Gerichten. Ganz ausgezeichnet schmecken das nussige Aroma der Artischocken und die Süße der Erbsen zu weicher Polenta oder zu Nudeln. Diese überlagern den zarten Geschmack des Gemüses nicht. Auch als würzige Füllung eines Omeletts ist dieses frühlingshafte gedünstete Gemüse sehr zu empfehlen.

Zu weicher Polenta (oben links)
Weich gegarte Polenta ist ein idealer Begleiter zu Artischocken und Erbsen und ergänzt das Gericht um ein zartes Maisaroma. Zur Garnierung mit einem Sparschäler Parmesanspäne herstellen.

Mit Nudeln (links)
Gedünstetes Gemüse kann auch als Pasta-Sauce verwendet werden. In diesem Fall sind Spiralnudeln gut geeignet, die viel von der cremigen Sauce aufnehmen können.

Mit einem Omelett (oben)
Ein mit gedünsteten Artischocken und Erbsen gefülltes Omelett ist bereits eine vollständige Mahlzeit und kann mittags oder abends gereicht werden.

Gedünsteter Fenchel mit Tomaten & Weißwein

Feste Gemüsesorten wie Fenchel eignen sich perfekt zum Dünsten, da sie auch nach dem Garen ihre Form behalten und knackig bleiben. Fenchelsamen erhalten durch das Dünsten einen wunderbaren Geschmack. Die geriebenen Tomaten verleihen dem Gericht eine leicht säuerliche Note und bilden eine herrliche Sauce.

6 kleine oder 3–4 mittelgroße Fenchelknollen (Gesamtgewicht etwa 850 g)

4–5 kleine Eiertomaten (Gesamtgewicht etwa 200 g)

1 Knoblauchzehe

50 ml natives Olivenöl extra

125 ml trockener Weißwein

½ TL Fenchelsamen

250 ml Hühnerbrühe oder Wasser

1 TL Meersalz

30 g Parmesan

ERGIBT 4–6 PORTIONEN

EMPFEHLUNG

Servieren Sie dieses Gemüsegericht zu gegrillten Lammkoteletts oder Thunfisch.

1 Fenchel vorbereiten

Eine ausführliche Anleitung zur Verarbeitung von Fenchel finden Sie auf Seite 41. Die Stiele mit dem Fenchelgrün bis zum Knollenansatz mit einem Messer abschneiden. Einige Stiele beiseitelegen. Holzige oder braune Stellen an der Außenseite der Knolle entfernen. Jede Knolle senkrecht durch den Wurzelansatz halbieren und jede Hälfte in 4 Spalten schneiden. Wieder durch den Wurzelansatz schneiden, damit die einzelnen Fenchelschichten nicht auseinanderfallen. Beiseitestellen. Die beiseitegelegten Fenchelstiele abbrausen und gut trocken tupfen. Etwas Fenchelgrün abschneiden und fein hacken. 1 Esslöffel abmessen und beiseitelegen (es wird zum Garnieren verwendet).

2 Tomaten vorbereiten

Die Tomaten mit einem Kochmesser waagerecht halbieren. Die Tomatenhälften mit der grob gelöcherten Seite einer Vierkantreibe in eine Schüssel reiben. Schale und Samen können mit verwendet werden. Benötigt werden etwa 150 g geriebene Tomate.

3 Knoblauch fein hacken

Eine genaue Anleitung zum Zerkleinern von Knoblauch finden Sie auf Seite 32. Die Knoblauchzehen auf ein Schneidebrett legen und mit der flachen Klinge eines Kochmessers durch kräftigen Druck aufbrechen. Die Schalen abziehen. Die Zehen längs halbieren und jede Hälfte längs in dünne Scheiben schneiden. Die Scheiben auf dem Brett aufhäufen und mit dem Messer in einer Wiegebewegung grob hacken. Am Messer haftende Knoblauchstücke abstreifen, alle Stücke aufhäufen und mit dem Messer weiterwiegen, bis der Knoblauch sehr fein gehackt ist. Sie benötigen etwa 1 ½ Teelöffel gehackten Knoblauch.

4 Knoblauch andünsten, mit Wein und Tomaten ablöschen

Eine breite, hohe Pfanne mit gut schließendem Deckel bei mittlerer Hitze erwärmen und das Olivenöl hineingeben. Den Knoblauch darin etwa 1 Minute unter häufigem Rühren andünsten. Mit Wein und Tomaten ablöschen und alles zum Kochen bringen. Sobald die Flüssigkeit zu sprudeln beginnt, die Hitze reduzieren, bis nur noch gelegentlich kleine Bläschen an die Oberfläche treten. Etwa 4 Minuten köcheln lassen, bis sich die Flüssigkeit um ein Drittel reduziert hat. ›

5 Fenchelsamen rösten und mahlen

Während die Tomatensauce einkocht, die Fenchelsamen rösten und mahlen. Eine ausführliche Anleitung zum Rösten von Samen finden Sie auf Seite 36. Eine kleine Pfanne bei mittlerer Hitze erwärmen. Die Fenchelsamen darin unter häufigem Rühren etwa 2 ½ Minuten rösten, bis sie zu duften beginnen. Sofort aus der Pfanne zum Auskühlen auf einen Teller geben. Die Samen in einer Gewürzmühle oder einer kleinen elektrischen Kaffeemühle, die nur für Gewürze verwendet wird, fein mahlen. Alternativ die Samen in einem Mörser zerstoßen.

6 Fenchel dünsten

Den Backofen auf 100 °C vorheizen und eine Schüssel darin anwärmen. Fenchelspalten, gemahlene Fenchelsamen, Hühnerbrühe und Salz zur Tomatenmischung geben, umrühren und aufkochen. Sobald die Flüssigkeit zu sprudeln beginnt, die Hitze reduzieren, die Pfanne abdecken und etwa 15 Minuten köcheln lassen, bis sich eine Messerspitze leicht in den Fenchel einstechen lässt, aber noch etwas Widerstand zu spüren ist. Den Deckel abnehmen, auf mittlere Hitze schalten und weitere 4–5 Minuten köcheln, bis die Flüssigkeit auf 2 Esslöffel reduziert ist und sich der Fenchel beim Einstechen überall weich anfühlt.

7 Parmesan reiben

Am besten immer Parmesan am Stück kaufen und erst kurz vor der Verwendung reiben. So behält er sein Aroma. Während der Fenchel dünstet, den Parmesan mit der fein gelöcherten Seite einer Vierkantreibe oder einer Käsereibe fein reiben. In einer kleinen Schüssel beiseitestellen.

8 Fenchel servieren

Den gedünsteten Fenchel in die angewärmte Servierschüssel geben und mit dem gehackten Fenchelgrün bestreuen. Bei diesem Gericht entfällt das Abschmecken, da der über das Gemüse gestreute Parmesan schon genügend Salz enthält. Sofort servieren und dazu den Parmesan reichen.

PROFITIPP

Wenn Sie Flüssigkeiten einkochen (reduzieren) möchten, sollten Sie die Pfanne ein wenig kippen, um den Sud an einer Stelle zu sammeln und die Menge erkennen zu können. Während des Reduzierens die Pfanne immer wieder kippen, um zu prüfen, wie viel schon verdampft ist. Auf diese Weise ist es viel einfacher abzuschätzen, ob schon die Hälfte oder erst ein Viertel der Flüssigkeit verdunstet ist.

Variationen für gedünstetes Gemüse

Sanftes Garen in etwas Flüssigkeit, wie soeben beim Gedünsteten Fenchel mit Tomaten & Weißwein (siehe Seite 70) gelernt, können Sie auch für viele andere Gemüsesorten einsetzen. Stangensellerie wird herrlich zart und saftig, wenn man ihn in einem mit Zitrone, Thymian und Butter aromatisierten Sud dünstet. Gemüse kann auch im Ofen gedünstet (geschmort) werden, wie etwa Porree mit einer würzigen Sauce aus Senf, Schalotten und Estragon. Chicorée lässt sich nicht nur als Salat zubereiten, sondern wunderbar in einer mit Crème double und Estragon abgerundeten Sauce dünsten. Jede Variation ergibt 4–6 Portionen.

Stangensellerie mit Zitrone & Thymian

Gedünstet in einem Kräutersud, wird Stangensellerie mild und butterzart.

Die Fäden an der Außenseite von 1 Bund Stangensellerie entfernen. Selleriegrün beiseitelegen. Die Stiele in 10 cm lange Stücke schneiden. Genügend Selleriegrün hacken, um 2 Esslöffel zu erhalten.

350 ml Hühnerbrühe, 30 g fein gewürfelte Zwiebel, 1 frischer Thymianzweig und 1 Streifen Zitronenschale (etwa 5 cm lang) in einer bei mittlerer Hitze erwärmten Pfanne verrühren. Einmal aufkochen, dann die Hitze reduzieren, bis sich die Flüssigkeit auf etwa 180 ml reduziert hat. 15 g Butter und 1/8 Teelöffel Meersalz zufügen und rühren, bis die Butter zerlassen ist. Dickere Selleriestücke zuerst in die Pfanne geben und mit den verbliebenen Stücken bedecken. Abgedeckt 15 Minuten gar köcheln. Den Sellerie auf eine Platte geben und den Sud in der Pfanne belassen.

2 Teelöffel Butter, Selleriegrün, 1 Teelöffel frisch gepressten Zitronensaft und 1/8 Teelöffel frisch gemahlenen Pfeffer in die Pfanne geben und bei starker Hitze 1 Minute einkochen lassen. Die Sauce über den Sellerie gießen und servieren.

Porree in Senfsauce

In französischen Bistros wird dieses Gericht häufig als Vorspeise serviert.

Den Backofen auf 190 °C vorheizen. Eine Auflaufform (23 cm x 30 cm) leicht mit Butter oder Öl einfetten.

Den harten, oberen Teil der Blätter und die Wurzeln von 4–6 langen, dicken Porreestangen abschneiden, den Strunk oberhalb der Wurzeln intakt lassen. Die Stangen längs halbieren und abspülen.

Mit der Schnittseite nach oben in die Auflaufform geben und mit 1/4 Teelöffel Meersalz bestreuen. 650 ml erwärmte Hühnerbrühe darübergießen, bis der Porree gerade bedeckt ist. Mit Backpapier abdecken und etwa 25 Minuten im Ofen backen.

Inzwischen 2 Esslöffel fein gewürfelte Schalotte, 1 1/2 Esslöffel Rotweinessig und 1/8 Teelöffel Meersalz in einer kleinen Schüssel verrühren. 5 Minuten ruhen lassen. Je 3 Esslöffel natives Olivenöl extra und Crème fraîche, 2 Teelöffel Dijon-Senf und 1 Esslöffel fein gehackten frischen Estragon unterrühren.

Den Porree auf eine angewärmte Platte heben, dabei den Sud gut abschütteln. Die Sauce noch einmal verrühren, über das Gemüse geben und sofort servieren.

Chicorée in Cremesauce

Beim Kochen entwickelt Chicorée ein leicht nussiges Aroma. Angereichert mit Crème double und Estragon wird daraus eine köstliche Beilage.

Bei 6 Chicorées (Gesamtgewicht 880 g–1 kg) ein wenig vom Wurzelansatz abschneiden, dann die Chicorées längs halbieren.

Eine Pfanne bei mittlerer Hitze erwärmen und 50 g Butter darin zerlassen. Die Chicoréehälften mit der Schnittseite nach unten hineingeben und 2–3 Minuten anbraten, bis die Unterseiten leicht angebräunt sind. Behutsam wenden und mit 1/2 Teelöffel Meersalz und 1/8 Teelöffel frisch gemahlenem weißem Pfeffer würzen. 80 ml Hühnerbrühe zufügen und alles zum Kochen bringen. Abdecken, auf geringe Hitze reduzieren und etwa 10 Minuten köcheln lassen, bis der Chicorée gar ist.

150 g Crème double und 2 Teelöffel frisch gehackten Estragon sowie 1 Teelöffel frisch gepressten Zitronensaft unterrühren. Auf mittlerer Hitze 2–3 weitere Minuten zu einer sämigen Sauce einkochen. Den Chicorée in eine Schüssel geben, mit der Sauce übergießen und sofort servieren.

Glasierte Karotten mit Schalotten & Petersilie

Beim Glasieren wird der Garsud nach dem Dünsten bei starker Hitze eingekocht, bis das Gemüse von einer glänzenden, angenehm süßen Glasur umhüllt ist. Hier wird Ahornsirup verwendet, um Karotten eine süßliche Note und eine glänzende Oberfläche zu verleihen. Schalotten und Petersilie bilden dazu einen schönen Kontrast.

- 750 g Karotten
- 2 große Schalotten
- 30 g Butter
- ½ TL Meersalz
- ¼ TL frisch gemahlener Pfeffer
- 2 ½ EL Ahornsirup
- 250 ml Hühnerbrühe, bei Bedarf etwas mehr
- 6–8 frische Zweige glatte Petersilie

ERGIBT 4–6 PORTIONEN

1 Karotten vorbereiten

Karotten werden je nach ihrer Größe unterschiedlich verarbeitet. Junge Karotten können im Ganzen gegart werden, etwas größere sollten in 7 cm lange Stücke und große in dünne Scheiben geschnitten werden. Für alle Größen gilt allerdings: Sie sollten mit einem Sparschäler geschält werden. Mit einem Kochmesser von Wurzel- und Stielansatz (oder Grün) befreien. Große Karotten schräg in etwa 1 cm dicke Scheiben schneiden. Wichtig ist, dass alle Stücke etwa gleichmäßig groß sind, damit sie gleichzeitig garen.

2 Schalotten fein würfeln

Eine ausführliche Anleitung zum Würfeln von Schalotten finden Sie auf Seite 31. Die Schalotten mit einem Schälmesser längs halbieren und schälen. Eine Schalottenhälfte mit der Schnittseite nach unten auf ein Schneidebrett legen. In mehreren Längsschnitten bis zur Wurzel ein-, aber nicht durchschneiden (so fällt die Schalotte beim Schneiden nicht auseinander). Waagerecht mehrere Schnitte machen und quer in Würfel schneiden. Mit der zweiten Schalotte ebenso verfahren.

3 Schalotten andünsten

Den Backofen auf 100 °C vorheizen und eine Schüssel darin anwärmen. Eine breite, hohe Pfanne mit gut schließendem Deckel bei mittlerer Hitze erwärmen und 15 g Butter hineingeben. Sobald die Butter zerlassen ist und zu schäumen beginnt, die Schalotten zufügen. Mit einem Holzlöffel gut in der Butter wenden und etwa 1 Minute unter häufigem Rühren andünsten.

4 Karotten dünsten

Karotten, Salz und Pfeffer in die Pfanne geben. Auf starke Hitze schalten und die Karotten gut in der Butter wenden. Mit dem Ahornsirup beträufeln und mit der Hühnerbrühe ablöschen. Die Karotten sollten etwa zur Hälfte mit Flüssigkeit bedeckt sein. Bei Bedarf noch ein wenig Brühe oder Wasser zufügen. Einmal aufkochen, auf mittlere Hitze reduzieren, bis der Sud gleichmäßig köchelt, dann abdecken. Der Sud soll zu einer dünnen Glasur einkochen während gleichzeitig die Karotten garen. ›

PROFITIPP

Beim Abmessen von klebrigen Zutaten wie Ahornsirup den Löffel zuvor in Öl tauchen. So gleitet der Sirup leichter vom Löffel und hinterlässt keine Spuren.

5 Petersilie hacken

Während die Karotten garen, die Petersilie hacken. Eine genaue Anleitung zum Zerkleinern von Petersilie finden Sie auf Seite 34. Die Blätter von den Stängeln zupfen und die Stängel entsorgen. Die Blätter in der Mitte des Schneidebretts aufhäufen. Die Spitze eines Messers mit den Fingerspitzen fixieren und die Messerklinge auf und ab sowie nach links und rechts über die Petersilie bewegen, bis sie gleichmäßig grob zerhackt ist.

6 Garprobe machen

Die Karotten nach 5 Minuten auf ihren Gargrad testen und mit einer Messerspitze einstechen. Sie sollten schon etwas weich sein, aber durchaus noch ein wenig Festigkeit zeigen.

7 Garsud zu einer Glasur einkochen

Es sollten etwa 125 ml des Garsuds übrig sein. Bei starker Hitze etwa 3–4 Minuten ohne Deckel kochen lassen, bis sich die Flüssigkeit auf etwa 1 Esslöffel reduziert hat und die Karotten leicht glänzen. Sobald der Sud eingekocht ist, die verbliebenen 15 g Butter zufügen und die Karotten 1–2 Minuten mit einem Holzlöffel wenden, bis sie gut von einer Glasur umhüllt sind. Das Gemüse nicht übergaren, sonst zerfällt es und verliert Farbe und Geschmack.

8 Abschmecken und servieren

Die Karotten kosten und nach Bedarf ein wenig mehr Salz oder Pfeffer zufügen, bis der gewünschte Geschmack erreicht ist. Die Karotten mit der Petersilie verrühren, in die angewärmte Schüssel geben und sofort servieren.

PROFITIPP

Ein wahrer Augenschmaus ist die Kombination von Karotten in unterschiedlichen Farbnuancen von Weiß bis Tiefrot. Bunte Karotten sind manchmal auf Wochenmärkten oder als Tiefkühlware erhältlich.

Variationen für glasiertes Gemüse

Das Rezept Glasierte Karotten mit Schalotten & Petersilie (siehe Seite 75) hat gezeigt, wie das Glasieren von Gemüse funktioniert. Dazu wurde der mit Ahornsirup versetzte Garsud bei starker Hitze eingekocht, bis eine mild-süßliche Glasur entstand. Mit anderen Gemüsesorten lässt sich das Rezept leicht variieren. Sehr gut schmecken Pastinaken, die allerdings schnell übergaren und daher zwischendurch aus der Pfanne genommen werden. Rote Bete werden dagegen vor dem Dünsten gedämpft. Zum Süßen kann auch Honig verwendet werden, während Zutaten wie Senf, Orangensaft oder Essig die Süße ein wenig bändigen. Jede Variation ergibt 4–6 Portionen.

Pastinaken mit Senfglasur

Hier kontrastieren zwei Senfsorten mit der natürlichen Süße der Pastinake.

900 g–1 kg Pastinaken schälen und in etwa 4 cm dicke Scheiben schneiden. Große End- oder Mittelteile halbieren oder vierteln. Bei den halbierten oder geviertelten Stücken mit einem Schälmesser den Strunk herausschneiden.

Pastinaken, 250 ml Hühnerbrühe, 4 Teelöffel Ahornsirup, 15 g Butter, ½ Teelöffel Meersalz und **¼ Teelöffel frisch gemahlenen weißen Pfeffer** in einer Pfanne mischen. Bei mittlerer Hitze zum Kochen bringen, abdecken, die Hitze reduzieren und 5–7 Minuten köcheln, bis die Pastinaken fast gar sind. Vom Herd nehmen.

Die Pastinaken mit einem Schaumlöffel herausheben und in eine Schüssel geben. Je **1 Teelöffel Dijon-Senf** und **groben Senf** in die Pfanne geben und die Temperatur erneut auf mittlere Hitze erhöhen. Etwa 3 Minuten köcheln, bis der Garsud zu 3 Esslöffeln Glasur eingekocht ist. Die Pastinaken wieder in den Topf geben und etwa 3 Minuten in der Glasur wenden, bis sie gar sind. Kosten und abschmecken, in eine angewärmte Schüssel geben und sofort servieren.

Kleine Zwiebeln mit Rosmarin

Hier wird jede Zwiebel von einer herrlichen Rosmarin-Glasur umhüllt.

Einen Topf zu drei Vierteln mit Wasser füllen und dieses zum Kochen bringen. **500 g kleine weiße Zwiebeln** darin 1 Minute kochen. Abgießen und unter fließend kaltem Wasser abschrecken. Die Wurzelansätze abschneiden und die Schalen abziehen.

Eine Pfanne bei mittlerer Hitze erwärmen und **30 g Butter** darin zerlassen. Die Zwiebeln zugeben, die Temperatur erhöhen und die Zwiebeln unter Rühren 5 Minuten leicht anbräunen. **¼ Teelöffel Meersalz, 1 Teelöffel fein gehackten frischen Rosmarin, 1 Esslöffel Honig** und **250 ml Hühnerbrühe** zufügen. Abdecken, die Hitze reduzieren und 10 Minuten köcheln lassen, bis die Flüssigkeit fast eingekocht ist.

Auf mittlere bis starke Hitze schalten, **1 Esslöffel Balsamico-Essig** und **⅛ Teelöffel frisch gemahlenen Pfeffer** zugeben und etwa 1 Minute köcheln, bis der Garsud zu 1 Esslöffel Glasur eingekocht ist. Die Zwiebeln gut in der Glasur wenden. Abschmecken, in eine vorgewärmte Schüssel geben und sofort servieren.

Mit Honig, Orange & Nelke glasierte Rote Bete

Rote Bete wird fast gar gedämpft und dann rasch in dieser Orangenglasur zu Ende gedünstet.

Das Grün von **4–6 Roten Beten (Gesamtgewicht 750 g)** bis auf einen Rest von 2,5 cm abschneiden. Die Beten gründlich abspülen und 25–40 Minuten gar dämpfen (siehe Seite 57). Die gedämpften Roten Beten unter fließend kaltem Wasser abschrecken und die Schale abziehen. Wurzel- und Stielansatz abschneiden und die Beten in Spalten oder Stücke schneiden.

Eine Pfanne bei mittlerer Hitze erwärmen und **15 g Butter** darin zerlassen. Rote-Bete-Stücke, **1 Teelöffel abgeriebene Orangenschale, 180 ml frisch gepressten Orangensaft, 2 Teelöffel Orangenblütenhonig, ¼ Teelöffel Meersalz, ⅛ Teelöffel frisch gemahlenen Pfeffer** und **2 Gewürznelken** zugeben. Bei starker Hitze etwa 6 Minuten kräftig köcheln lassen, bis der Garsud auf 3 Esslöffel eingekocht ist. Die Rote-Bete-Stücke gut mit der Glasur überziehen. Abschmecken und mit **1 Teelöffel frisch gehackter glatter Petersilie** bestreuen. In eine vorgewärmte Schüssel geben und sofort servieren.

Kurz gedünstete frische Erbsen mit Frühlingszwiebeln

In diesem Saisongericht gehen frisch geerntete Erbsen und rote Frühlingszwiebeln eine verführerische Kombination ein. Beide Gemüsesorten sind sehr zart und garen schnell. Sie müssen beim Dünsten daher nicht abgedeckt werden. Das abschließend hinzugefügte Basilikum verleiht dem Gericht eine frische Note.

12–16 frische Basilikumblätter

1 Bund rote oder grüne Frühlingszwiebeln

1,5 kg frische Erbsen

30 g Butter

180 ml frische Hühnerbrühe oder Hühnerbrühe aus dem Glas oder Wasser

¼ TL Meersalz

⅛ TL frisch gemahlener Pfeffer

ERGIBT 4–6 PORTIONEN

1 Basilikum in feine Streifen schneiden

Den Backofen auf 100 °C vorheizen und eine Schüssel darin anwärmen. Eine ausführliche Anleitung zum Zerkleinern von Basilikum finden Sie auf Seite 36. Die Basilikumblätter in zwei kleinen Stapeln übereinanderlegen. Jeden Stapel längs so eng wie möglich aufrollen. Die Blätter mit einem Messer quer in dünne Streifen schneiden. Beiseitestellen.

2 Zwiebeln vorbereiten

Rote Frühlingszwiebeln werden ebenso verarbeitet wie grüne. Eine genaue Anleitung zum Zerkleinern von Frühlingszwiebeln finden Sie auf Seite 33. Den Wurzelansatz und oberen Teil der grünen Blätter mit einem Messer abschneiden. Die Zwiebeln nebeneinanderlegen und den roten (weißen) Teil sowie etwa 2,5 cm der grünen Blätter quer in dünne Ringe schneiden. Die verbliebenen Blätter für ein anderes Rezept verwenden.

3 Erbsen palen

Die Erbsen erst kurz vor der Zubereitung aus ihren Hülsen befreien (palen) damit sie nicht austrocknen. Eine kleine Schüssel bereitstellen. Die Spitze einer Erbsenhülse leicht zusammendrücken und die Hülse so aufbrechen. Durch Druck auf die Naht die gesamte Hülse öffnen, die Erbsen mit dem Daumen entlang der Hülseninnenseite herausdrücken und in die Schale fallen lassen. Die Hülse entsorgen. So mit allen Erbsen verfahren.

4 Zwiebeln andünsten

Eine große Pfanne bei mittlerer bis starker Hitze erwärmen und 15 g Butter darin zerlassen. Die Zwiebeln zugeben und mit einem Holzlöffel gut in der Butter wenden. Unter gelegentlichem Rühren etwa 1 Minute weich dünsten.

5 Erbsen garen

Hühnerbrühe, Erbsen und Salz in die Pfanne geben und alles verrühren. Einmal aufkochen, auf mittlere Hitze reduzieren und die Erbsen etwa 5 Minuten gar köcheln. Vom Herd nehmen und die verbliebenen 15 g Butter sowie Pfeffer und Basilikum unterrühren.

6 Abschmecken und servieren

Das Gericht kosten und nach Bedarf mehr Salz oder Pfeffer zufügen, bis der gewünschte Geschmack erreicht ist. In die vorgewärmte Schüssel geben und sofort servieren.

PROFITIPP

Frische Erbsen werden meist nur im Juni und Juli angeboten, können jedoch auch durch Tiefkühlware ersetzt werden. Verwenden Sie für dieses Rezept 500 g tiefgefrorene und aufgetaute Erbsen.

EMPFEHLUNG

Servieren Sie die Erbsen mit Wildlachs oder Heilbutt. Sie können dieses Gericht auch als Vorspeise servieren.

Gedünsteter Rotkohl mit Speck & Äpfeln

Rotkohl erfreut sich immer noch größter Beliebtheit. Der Speck verleiht dem Rotkohl in diesem Rezept ein leichtes Raucharoma, Essig und Äpfel tragen süß-säuerliche Noten bei. Durch den Essig bleibt der Kohl beim Dünsten außerdem schön knackig.

1 Rotkohl (etwa 1 kg)

2 Äpfel, z. B. Pink Lady

1 kleine rote Zwiebel

3 Scheiben magerer Frühstücksspeck, gewürfelt (siehe Seite 37)

1 EL Rapsöl (nur bei Bedarf, falls der Speck nicht fett genug ist)

1 ½ TL Meersalz

¼ TL frisch gemahlener Pfeffer

6 EL Apfelessig

3 EL brauner Zucker

ERGIBT 4–6 PORTIONEN

PROFITIPP

Für dieses Rezept müssen alle Zutaten im Voraus zerkleinert und abgemessen werden, da sie fast gleichzeitig in den Topf kommen. Beim anschließenden Dünsten verbinden sich die Aromen fast ohne weiteres Zutun des Kochs.

1 Rotkohl vorbereiten

Eine ausführliche Anleitung zur Verarbeitung von Kohl finden Sie auf Seite 39. Verwelkte oder beschädigte äußere Kohlblätter entfernen. Den Kohl durch den Strunk vierteln und jedes Viertel vom Strunk befreien. Jedes Kohlviertel quer in 6 mm breite Streifen schneiden. Die Streifen in eine Schüssel mit kaltem Wasser tauchen, dann in einen Durchschlag abgießen. Den Kohl nicht trocknen, da das Wasser beim Erhitzen Dampf erzeugt und so das Dünsten unterstützt. Den Kohl beiseitestellen.

2 Äpfel und Zwiebel vorbereiten

Die Äpfel mit einem Kochmesser vierteln und das Kerngehäuse entfernen. Die Apfelviertel fein hacken und beiseitestellen. Die Zwiebel längs durch den Wurzelansatz halbieren und schälen. Beide Zwiebelhälften mit der Schnittseite nach unten auf ein Schneidebrett legen und quer in dünne Ringe schneiden.

3 Speck braten

Einen Edelstahl- oder emaillierten (in anderen Materialien kann sich der Rotkohl unappetitlich verfärben) Schmortopf (6 Liter Inhalt) bei mittlerer Hitze erwärmen. Den Speck darin unter gelegentlichem Rühren etwa 4–5 Minuten braten, bis er angebräunt und das Fett ausgelassen ist.

4 Zutaten dünsten

Sollte das ausgelassene Fett des Specks weniger als 1 Esslöffel ergeben, noch Rapsöl zufügen, bis 1 Esslöffel erreicht ist. Hat der Speck mehr als 1 Esslöffel Fett enthalten, den Topf vom Herd nehmen, leicht kippen und das überschüssige Fett herauslöffeln. Bei mittlerer Hitze wieder auf den Herd stellen. (Flüssiges Fett niemals in den Ausguss gießen, es kann ihn verstopfen.) Kohl, Äpfel und Zwiebel hineingeben. Mit Salz und Pfeffer würzen und mit 2 Holzlöffeln gut durchheben. Essig und braunen Zucker zufügen und erneut durchheben. Auf geringe Hitze reduzieren und abdecken. Etwa 1 Stunde sanft köcheln, dabei gelegentlich umrühren, bis der Kohl stark zusammengefallen ist und einen rötlich-violetten Farbton angenommen hat. Den Backofen auf 100 °C vorheizen und eine Schüssel darin anwärmen.

5 Abschmecken und servieren

Den Rotkohl kosten und nach Bedarf etwas mehr Salz, Zucker oder Essig zufügen, bis der gewünschte Geschmack erreicht ist. In die angewärmte Schüssel geben und sofort servieren.

Gedünstete Pilze mit Sherry & Crème double

Für dieses Gericht können Sie ganz nach eigenem Gusto verschiedene frische Pilze kombinieren. Bedenken Sie jedoch, dass eine Mischung zu vieler Farben und Formen optisch oft weniger ansprechend ist. Pilze harmonieren ganz vorzüglich mit Sherry, einem spanischen Likörwein, da er das Waldaroma der Pilze hervorhebt.

15 g getrocknete Steinpilze oder Morcheln

350 ml kochendes Wasser

250 g weiße Champignons

180 g braune Champignons

120 g Shiitake-Pilze

180 g Austernpilze

50 g Butter

50 g Schalotte, fein gehackt (siehe Seite 31)

1 TL Meersalz

¼ TL frisch gemahlener Pfeffer

¼ TL fein gehackter Knoblauch (siehe Seite 32)

2 EL trockener Sherry

50 g Crème double

1 EL frisch gehackte glatte Petersilie oder Estragon (siehe Seite 34)

ERGIBT 4–6 PORTIONEN

1 Getrocknete Pilze einweichen

Die getrockneten Pilze in eine hitzebeständige Schüssel geben, mit dem kochenden Wasser übergießen und etwa 30 Minuten einweichen. Durch ein doppelt mit Musselin ausgelegtes Sieb in eine Schüssel abgießen und behutsam ausdrücken. Die Einweichflüssigkeit beiseitestellen. Steinpilze grob hacken, Morcheln hingegen längs halbieren. Die Pilze beiseitestellen.

2 Frische Pilze vorbereiten

Eine ausführliche Anleitung zum Vorbereiten von Pilzen finden Sie auf Seite 43. Die Pilze mit einer weichen Gemüsebürste von sämtlichen Erdresten befreien oder mit feuchtem Küchenpapier abwischen. Die Stielenden der Champignons mit einem Schälmesser dünn abschneiden und entsorgen. Sehr holzige Stiele vollständig entfernen. Bei der Verwendung von sehr großen Champignons die braunen Lamellen an der Unterseite des Pilzhutes entfernen und die Hüte in Spalten schneiden. Bei den Shiitake-Pilzen die Stiele entfernen. Champignons und Shiitake-Pilze je nach Größe halbieren oder vierteln. Es sollten recht große, etwa 2 cm breite Stücke entstehen. Austernpilze im Ganzen verwenden, sehr große Exemplare allerdings längs in 2 cm breite Streifen schneiden.

3 Schalotten und feste Pilzsorten andünsten

Bei mittlerer bis starker Hitze 45 g der Butter in einer großen Pfanne mit Deckel zerlassen. Schalotten und eingeweichte Pilze mit einem Holzlöffel gleichmäßig in der Butter wenden. Unter häufigem Rühren 1 Minute dünsten. Auf starke Hitze schalten und Champignons und Shiitake-Pilze zufügen. Mit ½ Teelöffel Salz und dem Pfeffer würzen, unter Rühren etwa 5 Minuten weiterdünsten, bis die Pilze Wasser abgeben.

4 Austernpilze zufügen und Sauce zubereiten

Knoblauch, beiseitegestelltes Einweichwasser, die verbliebenen 15 g Butter und ½ Teelöffel Salz unterrühren. Auf mittlere Hitze reduzieren, abdecken und 10 Minuten köcheln lassen. Die Austernpilze behutsam unterheben, erneut abdecken und weitere 2 Minuten dünsten, bis die Pilze fast gar sind. Sherry und Crème double einrühren und etwa 2 Minuten leicht einkochen lassen.

5 Abschmecken und servieren

Das Gericht kosten und nach Bedarf mehr Salz oder Pfeffer zufügen. Mit der Petersilie bestreuen und sofort servieren.

EMPFEHLUNG

Servieren Sie die Pilze auf geröstetem Baguette (siehe Bild oben) oder zu Rührei, Soufflés, Nudeln oder Polenta.

Gedünsteter Rosenkohl mit Speck & Zwiebeln

In diesem Rezept werden gleich zwei verschiedene Garmethoden angewendet. Der Rosenkohl wird gedämpft und anschließend mit Speck und Zwiebeln in ein wenig Flüssigkeit gedünstet. Der Rosenkohl verliert durch das Dünsten etwas Biss, profitiert jedoch von der Verbindung mit Speck und Zwiebeln.

- 2 Scheiben Frühstücksspeck, gewürfelt (siehe Seite 37)
- 15 g Butter
- 1 kleine Zwiebel, fein gehackt (siehe Seite 30)
- 500–750 g Rosenkohl
- 180 ml Hühnerbrühe oder Wasser
- ¾ TL Meersalz
- ¼ TL frisch gemahlener Pfeffer

ERGIBT 4–6 PORTIONEN

PROFITIPP

Besonders schnell lassen sich Speckscheiben mit einer Küchenschere in passend große Stücke zerkleinern.

1 Speck braten

Den Backofen auf 100 °C vorheizen und eine Schüssel darin anwärmen. Eine große Pfanne mit Deckel bei mittlerer Hitze erwärmen. Den Speck darin unter Rühren 5 Minuten anbraten, bis er leicht gebräunt, aber noch nicht knusprig ist. Die Pfanne leicht kippen und das ausgelassene Fett bis auf 1 Esslöffel entfernen, dann die Butter in der Pfanne zerlassen. Die Zwiebel zugeben und gleichmäßig im Fett wenden. Auf geringe Hitze reduzieren und die Zwiebel unter Rühren 3–4 Minuten goldgelb dünsten. Vom Herd nehmen.

2 Rosenkohl putzen und dämpfen

Eine ausführliche Anleitung zum Dämpfen von Gemüse finden Sie auf Seite 20–21. Einen Dämpfeinsatz in einen Topf setzen, den Topf bis kurz unter den Boden des Einsatzes mit Wasser füllen und das Wasser zum Kochen bringen. Den Rosenkohl putzen. Eine genaue Anleitung zum Putzen von Rosenkohl finden Sie auf Seite 42. Mit einem Messer die Strunkenden des Rosenkohls abschneiden und alle verwelkten gelben Blätter entfernen. Größere Röschen längs halbieren oder vierteln, damit sie dieselbe Größe aufweisen wie die kleineren Röschen. Es empfiehlt sich, auch kleinere Röschen zu halbieren, da sie auf diese Weise schneller garen und sich die Aromen von Zwiebel und Speck in den Zwischenräumen der einzelnen Blätter sammeln können. Den Dämpfeinsatz gleichmäßig mit dem Rosenkohl auslegen. Auf mittlere Hitze reduzieren, abdecken und etwa 8–10 Minuten köcheln, bis die Röschen fast gar sind, aber beim Einstechen mit einer Messerspitze noch ein wenig Widerstand zeigen.

3 Bratensatz lösen und den Rosenkohl dünsten

Die Schlaufe des Dämpfeinsatzes mit einem Topfhandschuh umfassen und den Einsatz aus dem Topf heben. Überschüssiges Wasser vorsichtig abschütteln und den Rosenkohl in die Pfanne geben. Auf mittlere Hitze schalten, mit Hühnerbrühe ablöschen und den am Pfannenboden haftenden Bratensatz mit einem Holzlöffel ablösen. Mit Salz und Pfeffer würzen, abdecken und etwa 5 Minuten gar dünsten.

4 Abschmecken und servieren

Das Gericht kosten und nach Bedarf mehr Salz oder Pfeffer zufügen. In die vorgewärmte Schüssel geben und sofort servieren.

5

Gemüse sautieren & pfannenrühren

Beim Sautieren und Pfannenrühren wird starke Hitze eingesetzt, um Gemüse nicht nur schnell zu garen, sondern auch dessen Farbe und Konsistenz zu erhalten. Klein geschnittenes Gemüse wird in ein wenig heißem Öl rasch in einer Pfanne hin und her bewegt und so gleichmäßig gegart. Für beide Techniken müssen die Zutaten schnell nacheinander in die Pfanne gegeben werden und sollten bereits im Voraus zerkleinert werden.

GRUNDREZEPT

Pfannengerührtes Frühlingsgemüse mit Ingwer, Zitrone & Minze

Dieses Rezept verbindet spritzig frische Aromen wie Zitrone, Minze und Ingwer mit köstlichem grünem Frühlingsgemüse. Durch das Pfannenrühren und die starke Hitze im Wok entwickelt der Spargel sein volles Aroma, und die Erbsen bleiben schön knackig.

500 g grüner Spargel

300 g Zuckererbsen

2 Frühlingszwiebeln

5-cm-Stück Ingwerwurzel

1 oder 2 Zitronen

12–16 frische Minzeblätter, plus einige Blätter oder Zweige, zum Garnieren

2 EL Erdnuss- oder Traubenkernöl

¾ TL Meersalz

Sojasauce zum Abschmecken (nach Belieben)

ERGIBT 4–6 PORTIONEN

1 Spargel vorbereiten

Den Spargel bei Bedarf mit Küchenpapier trocken tupfen. Dicke Spargelstangen müssen gekürzt und geschält werden, damit sie schön saftig werden; dünne Stangen hingegen sollten nur von den holzigen Endstücken befreit werden. Bei dickem Spargel das holzige Ende bis zu der Stelle abschneiden, an der die Farbe von hellgrün zu dunkelgrün wechselt. Mit einem Sparschäler bis etwa 5 cm unter den Spitzen schälen. Bei sehr dünnen Spargelstangen das untere Ende mit den Fingern leicht biegen, bis die Stange durchbricht. Praktischerweise bricht sie exakt am Übergang zum hellen, holzigen, ungenießbaren Teil. Die Endstücke entsorgen.

2 Spargel zerkleinern

Die Spargelstangen auf ein Schneidebrett legen und nacheinander mit einem Messer schräg in 5 cm lange Stücke schneiden. Die Spargelstücke in eine Schüssel geben und griffbereit neben dem Herd platzieren.

3 Zuckererbsen vorbereiten

Die Erbsen bei Bedarf mit Küchenpapier trocken tupfen. Eventuell vorhandene Stiele oder Blätter von den Erbsenhülsen abknipsen. Fäden an der Außenseite der Hülsen abziehen und entsorgen. Noch dekorativer wird es, wenn man das Stielende jeder Erbse mit einem Messer schräg abschneidet. Die Zuckererbsen in eine zweite Schüssel geben und neben dem Herd platzieren.

PROFITIPP

Vor dem Sautieren oder Pfannenrühren sollte das Gemüse gut getrocknet werden, da es, in feuchtem Zustand in die Pfanne gegeben, nicht angebraten, sondern eher gedämpft wird und das anhaftende Wasser aufspritzen kann.

5>>

4 Frühlingszwiebeln vorbereiten

Eine ausführliche Anleitung zum Zerkleinern von Frühlingszwiebeln finden Sie auf Seite 33. Den Wurzelansatz und den harten oberen Teil der grünen Blätter mit einem Kochmesser abschneiden. Die Zwiebeln schräg in dünne Ringe schneiden. In eine Schüssel geben und neben dem Herd platzieren.

5 Ingwer fein hacken

Den Ingwer dünn schälen. Mit einem Messer in Scheiben schneiden. Die Scheiben in dünne Stifte schneiden und die Stifte hacken. Den gehackten Ingwer in einer Schale neben dem Herd platzieren.

6 Zitronenschale abreiben

Eine genaue Anleitung zum Abreiben von Zitrusschale finden Sie auf Seite 38. Reiben Sie die äußere, gelbe Schale mit einer feinen Reibe ab, nicht aber das bittere Weiße darunter. 1 Esslöffel der Schale abmessen und in einer Schüssel neben dem Herd platzieren. Die Zitronen für ein anderes Gericht verwenden.

7 Minze in feine Streifen schneiden

Eine ausführliche Anleitung zum Zerkleinern von Minze finden Sie auf Seite 36. Die Minzeblätter in zwei kleinen Stapeln übereinanderlegen. Einen Stapel längs sehr eng aufrollen. Die Blätter mit einem Kochmesser quer in dünne Streifen schneiden. Ebenso mit dem zweiten Stapel verfahren. Die Minzestreifen zu den Frühlingszwiebeln in die Schale geben.

8 Küchenutensilien bereitstellen

Da es nun sehr schnell gehen muss, sollte alles vorbereitet und bereitgestellt sein. Den Backofen auf 100 °C vorheizen und eine Schüssel darin anwärmen. Benötigt wird ein Wok von möglichst 35 cm Durchmesser und 2 langstielige Holzlöffel oder -spatel. Beim Pfannenrühren entsteht viel Dampf, am besten daher die Dunstabzugshaube einschalten.

PROFITIPP

Zerkleinern Sie alle Zutaten im Voraus und stellen Sie sie griffbereit in die Nähe des Herds, bevor Sie den Wok vorheizen. Pfannenrühren ist eine sehr schnelle Garmethode und während des Bratens ist keine Zeit mehr für Vorbereitungen.

9 Wok vorheizen

Den Wok bei starker Hitze etwa 1–2 Minuten vorheizen. Beim Pfannenrühren ist es notwendig, den Wok so stark wie möglich zu erhitzen. Die Hand über den Wok halten. Wenn eine starke Hitze zu spüren ist, das Erdnussöl hineingeben. Den Wok behutsam hin und her schwenken, um das Öl gleichmäßig zu verteilen. Das Öl kurz erhitzen, bis es zu schimmern beginnt.

PROFITIPP

Um zu testen, ob der Wok schon heiß genug ist, können Sie auch einen Tropfen Wasser in die Pfanne geben. Wenn der Tropfen sofort zu zischen beginnt, ist der Wok heiß genug, und Sie können das Öl erhitzen.

10 Mit dem Pfannenrühren beginnen

Bei diesem Rezept die Zutaten mit der längsten Gardauer zuerst und die mit der kürzesten Garzeit zum Schluss in den Wok geben. Den Spargel und ½ Teelöffel Salz in den Wok geben und etwa 5 Minuten mit 2 Holzlöffeln unablässig im Wok hin und her bewegen. Den Ingwer zugeben und 1 weitere Minute pfannenrühren. Die Zuckererbsen und das restliche Salz zugeben und etwa 30 Sekunden rühren, bis die Zuckererbsen glänzen und fast gar, aber noch knackig sind. Nur wenn die Zutaten nacheinander, in der Reihenfolge ihrer Gardauer, in den Wok gegeben werden, garen sie gleichzeitig.

11 Die verbliebenen Würzzutaten mischen

Frühlingszwiebeln, Zitronenschale und Minze in den Wok geben und gut mit dem Gemüse mischen. Diese Würzzutaten sollten ganz zum Schluss hinzugefügt werden, damit sie frisch und aromatisch bleiben.

12 Abschmecken und servieren

Das Gericht kosten und nach Bedarf etwas mehr Salz oder Sojasauce zugeben. In die vorgewärmte Schüssel geben, mit den Minzeblättern oder Minzezweigen garnieren und sofort servieren.

Serviervorschläge

Traditionell werden Wokgerichte mit gedämpftem Reis serviert. Sehr lecker sind auch asiatische Eiernudeln. Reis und Nudeln haben eine längere Gardauer als das Gemüse, bereiten Sie sie also zu, bevor Sie mit dem Pfannenrühren beginnen. Knusprig gebratener Tofu ist ebenfalls ein sehr passender Begleiter.

Mit Reis und Ingwergarnierung (oben links)
Den Ingwer in feine Streifen schneiden, einen Wok 12 mm hoch mit Öl füllen und den Ingwer darin 20–30 Sekunden frittieren. Auf Küchenpapier abtropfen lassen.

Mit gebratenem Tofu (links)
2 EL Erdnussöl in einem Wok erhitzen. Tofu in 1 cm dicke Scheiben schneiden und auf beiden Seiten 5–7 Minuten goldbraun braten. Mit in feine Streifen geschnittenen Frühlingszwiebeln und Sojasauce servieren.

Mit asiatischen Eiernudeln (oben)
In China werden zu Wok-Gerichten gern Nudeln gereicht. Die Nudeln kochen, abgießen, auf Teller verteilen und mit dem Gemüse garniert servieren.

Sautierte Paprika mit Zwiebel

Die Paprika gehört zur Familie der Nachtschattengewächse und ist daher mit Kartoffel, Tomate und Aubergine verwandt. Eine Kombination aus roter, gelber und orangefarbener Paprika ist optisch besonders ansprechend und wird hier bei starker Hitze sautiert und mit roten Zwiebeln und Majoran aromatisiert.

1 Paprika vorbereiten

Den Backofen auf 100 °C vorheizen und eine Schüssel darin anwärmen. Bei jeder Paprika mit einem Messer die Stielseite abschneiden und mit den Fingern das innere Kerngehäuse herausziehen. Die Frucht längs halbieren und alle verbliebenen Kerne entfernen. Die inneren weißen Rippen herausschneiden. Die Paprikahälften mit der Schnittseite nach unten legen und mit den Handflächen flach drücken. Wieder umdrehen (die raue Innenseite ist leichter einzuschneiden als die glatte Außenseite) und mit einem Kochmesser längs in etwa 1 cm breite Streifen schneiden.

2 Zwiebel vorbereiten

Die Zwiebel längs durch den Wurzelansatz halbieren und schälen. Jede Zwiebelhälfte mit der Schnittseite nach unten auf ein Schneidebrett legen und quer in etwa 1 cm breite Scheiben schneiden.

3 Majoran hacken

Eine ausführliche Anleitung zum Hacken von Majoran finden Sie auf Seite 35. Die Majoranblätter mit Daumen und Zeigefinger behutsam von oben nach unten von den Stängeln streifen. Die Blätter in der Mitte des Schneidebretts aufhäufen. Die Spitze eines Kochmessers mit den Fingerspitzen fixieren und die Messerklinge auf und ab sowie nach links und rechts über die Blättchen bewegen, bis sie gleichmäßig grob zerhackt sind. Beiseitestellen.

4 Pfanne zum Sautieren vorbereiten

Eine genaue Anleitung zum Sautieren von Gemüse finden Sie auf Seite 24–25. Eine große Pfanne erhitzen. Die Hand über die Pfanne halten. Wenn eine starke Hitze zu spüren ist, das Olivenöl hineingeben und einige Sekunden erhitzen. Inzwischen alle Zutaten neben dem Herd platzieren. Das Sautieren ist eine recht schnelle Garmethode, daher sollte alles Notwendige griffbereit sein. Sobald das Öl an der Oberfläche zu schimmern beginnt, mit dem Sautieren beginnen. ›

3 große rote, gelbe oder orangefarbene Paprika oder eine Mischung (Gesamtgewicht etwa 750 g)

1 rote Zwiebel

6–8 frische Majoran- oder Thymianzweige

3 EL Olivenöl

¾ TL Meersalz

¼ TL frisch gemahlener Pfeffer

Balsamico-Essig (nach Belieben)

frisch gepresster Zitronensaft (nach Belieben)

ERGIBT 4–6 PORTIONEN

PROFITIPP

Paprika variieren stark in Form und Größe. Um sich die Arbeit zu erleichtern, am besten etwa gleichmäßig große Früchte mit recht geraden Seiten auswählen.

5 Paprika und Zwiebel sautieren

Paprika und Zwiebel zusammen in die Pfanne geben und mit Salz und Pfeffer würzen. Zum Sautieren das Gemüse schnell in der Pfanne hin und her bewegen. Dafür entweder die Pfanne locker aus dem Handgelenk schwenken, um das Gemüse zu wenden, oder einen Holzlöffel zu Hilfe nehmen. Das Gemüse etwa 7 Minuten weitersautieren und anfangs alle 30 Sekunden schwenken. Danach nur noch gelegentlich wenden, bis das Gemüse gar, aber noch knackig und an den Rändern gebräunt ist. Ständiges Rühren vermeiden, denn nur wenn das Gemüse längeren Kontakt zum Pfannenboden hat, erhält es eine braune Kruste und das typische, bei hohen Temperaturen entstehende Aroma.

6 Paprika und Zwiebel abkühlen lassen

Den Majoran unterrühren, die Pfanne vom Herd nehmen und das Gemüse mindestens 5 Minuten in der Pfanne abkühlen lassen. Meist kommen Aromen besser zur Geltung, wenn das Gericht nicht mehr kochend heiß ist.

7 Abschmecken

Das Gericht kosten und bei Bedarf mehr Salz oder Pfeffer zufügen. Paprika und Zwiebel sollten einen süßlichen Geschmack aufweisen, der durch die Zugabe von ein paar Tropfen Balsamico-Essig noch verstärkt werden kann. Wenn hingegen ein wenig Frische fehlt, ein paar Tropfen Zitronensaft zufügen.

8 Paprika und Zwiebel servieren

Das Gemüse auf die vorgewärmte Platte geben und in der Mitte leicht aufhäufen. Sofort servieren.

PROFITIPP

Wenn Sie ganz weich gegarte Paprika bevorzugen, können Sie nach dem Sautieren in Schritt 5 noch 125 ml trockenen Weißwein angießen. Reduzieren Sie auf mittlere bis geringe Hitze, setzen Sie den Deckel auf und lassen Sie Paprika und Zwiebel noch etwa 5 Minuten garen. Abdecken, den Majoran zufügen und alles gut vermengen. Abschmecken und servieren.

Variationen für sautiertes Gemüse

Durch die Zubereitung der Sautierten Paprika mit Zwiebel (siehe Seite 95) haben Sie sich Praxis im Sautieren von Gemüse erworben. Dieses Wissen können Sie für zahlreiche weitere Gemüsesorten anwenden. Notwendig ist nur eine große Pfanne, in der das Gargut bei starker Hitze problemlos geschwenkt werden kann. Versuchen Sie sich einmal an sautierten Zucchini mit gerösteten Semmelbröseln, in Butter und Olivenöl geschwenktem Spargel oder herrlich zartem, mit Weißwein aromatisiertem Fenchel. Jede Variation ergibt 4–6 Portionen.

Zucchini mit gerösteten Semmelbröseln

Die knusprig gerösteten Semmelbrösel verleihen dem Gericht zusätzlichen Biss.

5 oder 6 Zucchini (etwa 750 g) längs vierteln und quer in 12 mm dicke Stücke schneiden.

20 g frische Semmelbrösel etwa 10 Minuten in einer kleinen Pfanne bei geringer Hitze in **2 Teelöffeln Olivenöl** goldbraun und knusprig rösten. In eine Schüssel geben. In einer zweiten Schüssel **½ Teelöffel fein gehackten Knoblauch**, **1 Teelöffel abgeriebene Zitronenschale** und **2 Esslöffel frisch gehackten Majoran** mischen.

Eine große Pfanne bei mittlerer bis starker Hitze erwärmen. **2 ½ Esslöffel Olivenöl** zugeben und die Zucchini darin gut wenden. Mit **¼ Teelöffel Salz** würzen und die Zucchini etwa 8 Minuten sautieren, bis sie teilweise gebräunt, aber noch bissfest sind. Die Knoblauch-Mischung zufügen und 2 Minuten sautieren.

Das Gericht abschmecken. Die Semmelbrösel unterrühren und sofort servieren.

Grüner Spargel mit frischen Kräutern

Grüner Spargel lässt sich gut sautieren und schmeckt mit Basilikum, Kerbel, Koriander oder Petersilie ganz wundervoll. Wählen Sie zum restlichen Menü passende Kräuter.

750 g–1 kg grünen Spargel bis etwa 5 cm unter den Spitzen schälen. Die Stangen schräg in etwa 6 mm breite Scheiben schneiden.

Eine große Pfanne erhitzen. **Je 1 Esslöffel Olivenöl und Butter** in die heiße Pfanne geben. Wenn die Butter zerlassen ist, Spargel und **¼ Teelöffel Meersalz** hineingeben. Etwa 5–7 Minuten sautieren, bis der Spargel gar, aber noch bissfest ist.

Das Gericht vom Herd nehmen, kosten und abschmecken. **⅛ Teelöffel frisch gemahlenen Pfeffer, 1 Esslöffel in dünne Streifen geschnittenes frisches Basilikum oder fein gehackten frischen Kerbel, Koriander oder frisch gehackte glatte Petersilie** unterrühren. Sofort servieren.

Sautierter Fenchel

Der roh sehr knackige Fenchel wird hier durch das Sautieren nicht nur süß karamellisiert, sondern auch wunderbar zart. Olivenöl, Salz, Pfeffer und Fenchelgrün reichen als Würze völlig aus.

Von **3 großen Fenchelknollen** die Stiele mit dem Fenchelgrün abschneiden. Etwas Fenchelgrün beiseitelegen. Holzige oder beschädigte äußere Stellen abschälen und jede Knolle von oben nach unten durch den Wurzelansatz halbieren. Jede Hälfte in 6 mm breite Spalten schneiden (der Wurzelansatz verhindert, dass die einzelnen Schichten auseinanderfallen). Beiseitestellen. Genügend Fenchelkraut hacken, um 1 Esslöffel zu erhalten.

2 Esslöffel Olivenöl in eine große Pfanne geben und Fenchel und **¾ Teelöffel Meersalz** zufügen. Etwa 10 Minuten sautieren, dann **80 ml trockenen Weißwein oder Wasser** angießen. 5–7 Minuten weitersautieren, bis der Fenchel weich und goldgelb ist.

Das Gericht vom Herd nehmen und abschmecken. **¼ Teelöffel frisch gemahlenen Pfeffer** und das gehackte Fenchelgrün unterrühren. Nach Belieben mit frisch geriebenem Parmesan bestreuen und sofort servieren.

Sautierter Spinat mit Knoblauch & Zitrone

In diesem Rezept muss der Spinat nach dem Putzen gut trocken getupft werden. Die feinen Blätter garen viel schneller, als das Wasser verdunsten kann, was den Geschmack von Knoblauch und Olivenöl verwässert.

750 g frischer Spinat

1 kleine Knoblauchzehe

1 EL Olivenöl

¼ TL Meersalz

1 EL frisch gepresster Zitronensaft (siehe Seite 38)

ERGIBT 4–6 PORTIONEN

PROFITIPP

In einer Salatschleuder kann Spinat sowohl gewaschen als auch trocken geschleudert werden. Andernfalls den Spinat in einer großen Schüssel mit Wasser abspülen, in ein Sieb abgießen und mit Küchenpapier trocken tupfen.

1 Spinat entstielen

Eine ausführliche Anleitung zum Säubern von Spinat finden Sie auf Seite 40. Den Spinat gründlich verlesen und verwelkte oder verfärbte Blätter aussortieren. Jedes Blatt entlang des Stiels nach innen überklappen, sodass die Hauptader nach außen zeigt. Den Stiel mit einer Hand greifen und rasch nach oben abziehen.

2 Spinat säubern

Die Schüssel einer Salatschleuder mit Wasser füllen. Das Sieb hineinsetzen und die Blätter zugeben. Den Spinat mit den Händen hin und her bewegen, um alle Erdreste zu lösen. Das Sieb herausheben, die am Schüsselboden gesammelten Erdreste abgießen, neues Wasser einfüllen und diesen Vorgang wiederholen, bis kein Sand mehr sichtbar ist. Den Spinat nach dem Säubern trocken schleudern. Den Backofen auf 100 °C vorheizen und eine Schüssel darin anwärmen.

3 Knoblauch fein hacken

Eine genaue Anleitung zum Hacken von Knoblauch finden Sie auf Seite 32. Die Knoblauchzehe auf ein Schneidebrett legen und mit der flachen Klinge eines Kochmessers durch kräftigen Druck aufbrechen. Die Schale abziehen, die Zehe längs halbieren und in dünne Scheiben schneiden. Die Scheiben mit einem Kochmesser in einer Wiegebewegung sehr fein hacken.

4 Spinat sautieren

Eine große Pfanne erhitzen. Das Olivenöl zugeben, durch Schwenken der Pfanne gleichmäßig verteilen und einige Sekunden erhitzen. Den Spinat hineingeben. Ruhig den ganzen Spinat auf einmal in die Pfanne geben, er fällt schnell zusammen und verringert sein Volumen beträchtlich. Knoblauch und Salz zufügen. Wenn der Knoblauch nach dem Spinat zugegeben wird, besteht nicht die Gefahr, dass er bei der hohen Temperatur verbrennt. Den Spinat sofort mit einer Küchenzange oder 2 langstieligen Gabeln wie einen Salat durchheben. So wird ein gleichzeitiges Garen sichergestellt. Etwa 3 Minuten weiterwenden, bis er leuchtend grün und zusammengefallen ist. Vom Herd nehmen, den Zitronensaft zugießen und erneut durchheben.

5 Abschmecken und servieren

Den Spinat kosten und bei Bedarf ein wenig mehr Salz oder Zitronensaft zufügen. In die vorgewärmte Schüssel geben und sofort servieren.

EMPFEHLUNG

Den Spinat als Beilage zu gegrilltem oder pochiertem Fisch servieren. Er schmeckt auch zu Soufflés oder Omeletts.

Variationen für sautiertes grünes Blattgemüse

Das Rezept Sautierter Spinat mit Knoblauch & Zitrone (siehe Seite 98) zeigt, wie das Aroma von grünem Blattgemüse durch das Sautieren bei starker Hitze intensiviert wird. Grünes Blattgemüse wird je nach Sorte jedoch auf unterschiedliche Weise sautiert. Spinat gart sehr schnell und benötigt zum Sautieren nur sehr wenig bis keine Flüssigkeit. Mangold und Grünkohl hingegen erfordern eine viel längere Garzeit. Es wird daher nach kurzem Anbraten noch Wasser oder Brühe angegossen, um den zum Garen erforderlichen Dampf zu erzeugen. Rübstiel wird vor dem Sautieren in kochendem Wasser blanchiert. Jede Variation ergibt 4–6 Portionen.

Mangold mit Zitrone

In diesem Rezept wird Mangold sautiert und geköchelt, wodurch er ganz zart und aromatisch wird. Da Mangold in rohem Zustand sehr voluminös ist, sollten Sie ihn in 2 Portionen zubereiten.

2 kleine, zarte Mangolde entstielen und die Stiele entsorgen. Benötigt werden 16–20 kleine Mangoldblätter oder etwa 250–375 g Mangoldblätter. Die Blätter grob hacken, in einer Salatschleuder waschen und trocken schleudern.

Eine große Pfanne erhitzen. 2 Esslöffel Olivenöl in die heiße Pfanne geben und die Hälfte des Mangolds und ½ Teelöffel Meersalz zufügen. 2 ½–3 Minuten sautieren, bis die Blätter zusammenfallen. Mit 80 ml Hühnerbrühe oder Wasser ablöschen und 1–2 Minuten weiterköcheln, bis der Mangold gar ist. Das Gericht abschmecken.

In eine vorgewärmte Schüssel geben und zum Warmhalten abdecken. Mit dem verbliebenen Mangold ebenso verfahren und in die Schüssel geben. Mit 4–6 Zitronenspalten (je 1 pro Person) garnieren und sofort servieren.

Grünkohl mit geröstetem Sesam

In dünne Streifen geschnittener Grünkohl wird beim Sautieren sehr zart. Das Sesamöl verleiht dem Gericht ein asiatisches Aroma.

1 Grünkohl entstielen. Benötigt werden insgesamt 12–16 Kohlblätter oder etwa 250–315 g Grünkohlblätter. 4–6 Blätter übereinanderlegen und längs sehr eng aufrollen. Die Blätter quer in dünne Streifen mit höchstens 6 mm Breite schneiden und in einer Schüssel mit kaltem Wasser waschen. Abtropfen lassen.

Eine große Pfanne bei mittlerer Hitze erwärmen. 2 Esslöffel Olivenöl in die heiße Pfanne geben und 50 g fein gewürfelte rote Zwiebel darin 1 Minute anbraten. Die feuchten Kohlstreifen zugeben und mit ¼ Teelöffel Meersalz würzen. Mindestens 20 Minuten sautieren, bis die Blätter zusammengefallen und sehr weich sind.

In eine vorgewärmte Schüssel geben und mit 2 Teelöffeln gerösteter schwarzer oder weißer Sesamsaat und 1 Teelöffel Sesamöl mischen. Das Gericht abschmecken. Sofort servieren.

Rübstiel mit roter Paprika & Knoblauch

Rübstiel, das Grün der weißen Mairübe, kann ohne Vorgaren sautiert werden, der Geschmack fällt aber eher kräftig aus, und die Stiele müssen ganz entfernt werden. Durch vorheriges Blanchieren wird Stielmus deutlich milder und zarter.

Einen Topf zu drei Vierteln mit Wasser füllen und dieses zum Kochen bringen. Inzwischen die Stielenden von 1 Bund Rübstiel (etwa 500 g) abschneiden. Dicke Stiele abtrennen und entsorgen oder mit einem Sparschäler schälen. Die Blätter gut in einer Schüssel mit kaltem Wasser waschen. Abtropfen lassen.

2 ½ TL Meersalz ins kochende Wasser geben, das Rübstiel zufügen und etwa 3 Minuten bissfest garen. Abgießen und beiseitestellen.

Eine große Pfanne bei starker Hitze erwärmen. 3 Esslöffel Olivenöl zugeben und 1 grob gehackte Knoblauchzehe darin unter Rühren 2–3 Minuten anbräunen.

Rübstiel und ⅛ Teelöffel Chiliflocken zugeben. Das Rübstiel sautieren, bis es weich ist. Vom Herd nehmen und abschmecken. In eine Schüssel geben und mit 4–6 Zitronenspalten (je 1 pro Person) garnieren. Sofort servieren.

Schwarzkohl mit roter Zwiebel & Speck

Die Blätter des Schwarzkohls (auch Blattkohl genannt) sind ganz besonders fest und müssen vor dem Sautieren gekocht werden. Auf diese Weise werden die Blätter sehr zart und behalten ihre dunkelgrüne Farbe. Schwarzkohl kann auch durch Wirsing ersetzt werden.

Einen Topf zu drei Vierteln mit Wasser füllen und das Wasser zum Kochen bringen. 2 Bund Schwarzkohl entstielen. Benötigt werden etwa 250 g Schwarzkohlblätter. Die Blätter gut in einer Schüssel mit kaltem Wasser waschen und abtropfen lassen.

Eine große Pfanne bei mittlerer Hitze erwärmen. 2 Scheiben gewürfelten Frühstücksspeck darin etwa 4 Minuten anbräunen. Auf Küchenpapier abtropfen lassen. Das ausgelassene Fett abgießen, 2 Esslöffel Olivenöl in die Pfanne geben und bei mittlerer Hitze erwärmen. 120 g gewürfelte rote Zwiebel und 1/8 Teelöffel Chiliflocken hineingeben. Die Zwiebeln gut im Öl wenden und unter Rühren andünsten.

2 Teelöffel Meersalz ins kochende Wasser geben und den Kohl zufügen. Erneut aufkochen und etwa 6–8 Minuten garen. Den Schwarzkohl feucht in die Pfanne zu den Zwiebeln geben. Mit 1/4 TL Meersalz und dem Speck vermengen. Auf mittlere bis starke Hitze schalten und sautieren, bis die Pfanne trocken ist und der Kohl glänzt. Das Gericht kosten und abschmecken. In eine vorgewärmte Schüssel geben und sofort servieren.

Rahmspinat mit Basilikum

Hier verleihen Basilikumstreifen dem Spinat zusätzliche Frische.

Etwa 1 kg Spinat entstielen. Die Blätter gut in einer Schüssel mit kaltem Wasser waschen und das Wasser bei Bedarf mehrfach wechseln. In ein Sieb abgießen. Den feuchten Spinat bei starker Hitze in eine große Pfanne geben. Etwa 4 Minuten sautieren, bis der Spinat zusammengefallen ist. Den Spinat im Sieb abtropfen lassen und überschüssiges Wasser herauspressen. Die Blätter ganz lassen oder auf einem Schneidebrett grob hacken.

Eine große Pfanne bei mittlerer Hitze erwärmen und 4 Teelöffel Butter hineingeben. Sobald die Butter zerlassen ist, 3 Esslöffel fein gehackte Schalotte zufügen. Unter Rühren etwa 3 Minuten glasig dünsten, dann 4 Teelöffel Mehl zugeben. Unter Rühren in 2 Minuten eine Mehlschwitze herstellen. Langsam 250 g Crème double oder halb Sahne, halb Crème double unterruhren, einmal aufkochen, auf mittlere Hitze reduzieren und unter gelegentlichem Rühren etwa 2 Minuten einkochen lassen. Spinat, 1/2 Teelöffel Meersalz, 1/8 Teelöffel frisch gemahlenen weißen oder schwarzen Pfeffer und 1 Esslöffel in feine Streifen geschnittenes Basilikum zufügen. Den Spinat kosten und abschmecken. In eine vorgewärmte Schüssel geben und sofort servieren.

Rosenkohl mit Zwiebeln & Oregano

Rosenkohlröschen lassen sich unzerkleinert nicht gut sautieren, deshalb sollten sie in Scheiben geschnitten werden. Diese sind auch viel schneller zubereitet.

Von 750 g Rosenkohl das untere Ende des Strunks abschneiden und alle verwelkten oder verfärbten Blätter entfernen. Jedes Röschen längs durch den Wurzelansatz halbieren und quer oder längs in 6 mm breite Scheiben schneiden. Den Kohl gut in einer Schüssel mit kaltem Wasser waschen, dann in ein Sieb abgießen. Sollten die Röschen sehr fest sein (dies ist Ende der Saison möglich), die Scheiben 1 Minute in kochendem gesalzenem Wasser blanchieren. Abgießen.

Eine große Pfanne bei mittlerer Hitze erwärmen. 2 Esslöffel Olivenöl zugeben. 1 kleine in Ringe geschnittene Zwiebel und 1/8 Teelöffel Chiliflocken zufügen. Unter Rühren etwa 4 Minuten dünsten, bis die Zwiebel weich und leicht gebräunt ist. Den feuchten Rosenkohl, 1/4 Teelöffel zerstoßenen getrockneten Oregano, 1/2 Teelöffel Meersalz und 1/4 Teelöffel frisch gemahlenen Pfeffer zufügen. Auf starke Hitze schalten und 7 Minuten sautieren, bis der Rosenkohl gar ist. Wenn sämtliche Flüssigkeit verdampft ist, der Kohl aber noch nicht gar ist, 120 ml Hühnerbrühe oder Wasser zugießen, auf mittlere Hitze reduzieren und weitergaren. Bei Bedarf mehr Flüssigkeit zugeben.

Mit 1 Teelöffel Rotweinessig oder frisch gepresstem Zitronensaft würzen. Den Rosenkohl abschmecken. In eine vorgewärmte Schüssel geben und servieren.

Pfannengerührte Aubergine mit Sesam

Für Auberginen ist das Pfannenrühren besonders gut geeignet. Zum einen nehmen sie aufgrund der kurzen Garzeit nicht so viel Öl auf, zum anderen bekommen sie durch das scharfe Anbraten eine schöne Bräune und erhalten ein köstliches Röstaroma. Perfekt begleitet werden die milden Auberginen von einer Knoblauchsauce mit einem Hauch von Sesam.

1 kg Auberginen

2 EL Meersalz

1 EL Erdnuss- oder Traubenkernöl

3 EL schräg in Ringe geschnittene Frühlingszwiebeln, nur der weiße Teil (siehe Seite 33)

1 EL geröstete Sesamsaat (siehe Seite 36)

Für die Sauce

2 EL Sojasauce

1 TL chinesischer Reiswein oder trockener Sherry

1 TL Reisessig oder milder Weißweinessig

1 TL Zucker

1 EL Sesamöl

1 ½ TL fein gehackter Knoblauch (siehe Seite 32)

ERGIBT 4–6 PORTIONEN

1 Sauce vorbereiten

Sojasauce, Reiswein, Essig, Zucker, Sesamöl und Knoblauch in einer kleinen Schüssel verquirlen und griffbereit neben dem Herd platzieren.

2 Auberginen vorbereiten

Die Auberginen mit einem Messer vom Stiel- und Blütenansatz befreien und längs halbieren. Die Hälften mit der Schnittseite nach unten auf ein Schneidebrett legen und jeweils längs in etwa 2 cm breite Scheiben schneiden. Die Scheiben flach auflegen und quer in etwa 2 cm breite Stifte schneiden. Die Stifte in einer Schüssel mit dem Salz bestreuen, in ein Sieb geben und in der Spüle oder über einer Schüssel etwa 1 Stunde abtropfen lassen, um die Bitterstoffe herauszulösen. Anschließend auf mehreren Schichten Küchenpapier abtropfen lassen und die restliche Flüssigkeit abtupfen.

3 Küchenutensilien bereitstellen und Wok vorheizen

Den Backofen auf 100 °C vorheizen und eine Schüssel darin anwärmen. Sie benötigen einen Wok von möglichst 35 cm Durchmesser und 2 langstielige Holzlöffel. Beim Pfannenrühren entsteht viel Dampf, schalten Sie daher Ihre Dunstabzugshaube ein. Den Wok erhitzen und 1 ½ Teelöffel Erdnussöl hineingeben. Den Wok behutsam hin und her schwenken, um das Öl gleichmäßig zu verteilen. Wenn es an der Oberfläche zu schimmern beginnt, ist es heiß genug.

4 Auberginen pfannenrühren

Die Hälfte der Auberginen sofort in den Wok geben und etwa 6 Minuten mit 2 Holzlöffeln unablässig im Wok hin und her bewegen, bis sie von allen Seiten goldbraun angebraten sind. Die Auberginen in eine Schüssel geben, zum Warmhalten abdecken und die verbliebenen 1 ½ Teelöffel Erdnussöl in den Wok geben. Die restlichen Auberginen darin ebenfalls pfannenrühren, die erste Portion Auberginen untermengen und den Wok vom Herd nehmen.

5 Sauce zufügen, abschmecken und servieren

Die Sauce über die Auberginen gießen und alles gut vermengen. Frühlingszwiebel und Sesam zufügen und erneut durchheben. Das Gericht kosten und abschmecken. Meistens ist es die Säure des Essigs, die alle Aromen verbindet und unterstreicht. Die Auberginen in die vorgewärmte Schüssel geben und servieren.

PROFITIPP

Auberginen sollten vor der Zubereitung in Stücke geschnitten und gesalzen werden. Das Salz entzieht den Auberginen Flüssigkeit und Bitterstoffe, die nach kurzer Einweichzeit aus dem Gemüse tropfen. So vorbereitet, saugen die Auberginen beim Braten auch nicht so viel Fett auf.

6

Gemüse rösten & backen

Sowohl beim Backen als auch beim Rösten wird Gemüse langsam bei trockener Hitze im Ofen gegart. Beim Rösten sind etwas höhere Temperaturen erforderlich, und diese Methode eignet sich besonders für hartes Wurzelgemüse. Durch die intensive, gleichmäßige Hitze wird außerdem die natürliche Süße des Gemüses hervorgehoben. Gebackenes Gemüse, gefüllt oder in Stücke geschnitten, ist innen zart und saftig und außen knusprig braun.

1

2

3

5

GRUNDREZEPT

Mit Reis, Basilikum & Käse gefüllte Tomaten

Der Reis nimmt während des Backens den Tomatensaft in sich auf, während der cremige Mozzarella der Füllung Bindung gibt. Durch frisches Basilikum, dem klassischen Begleiter von Tomaten, erhält das Gericht ein sommerliches Aroma. Die knusprig gerösteten Semmelbrösel verleihen ihm zusätzlich etwas Biss.

Olivenöl, zum Einfetten

4 oder 6 große vollreife, aber feste Tomaten à 250 g

2 Scheiben Bauernbrot vom Vortag

2 EL Butter oder Olivenöl

Für die Füllung

500 ml Wasser

220 g Langkornreis

½ TL Meersalz

1 Bund Frühlingszwiebeln

12–16 frische Basilikumblätter

1 kleines Bund frische glatte Petersilie

125 g Mozzarella

¼ TL frisch gemahlener Pfeffer

ERGIBT 4 ODER 6 PORTIONEN

1 Reis für die Füllung zubereiten

Das Wasser in einem Topf zum Kochen bringen. Sobald die Flüssigkeit zu sprudeln beginnt, Reis und Salz hineingeben. Das Wasser erneut aufkochen, dann auf geringe Hitze reduzieren, bis nur noch gelegentlich kleine Bläschen an die Oberfläche steigen. Abgedeckt 15–18 Minuten köcheln lassen, bis der Reis die Flüssigkeit vollständig aufgesogen hat und gar ist. In eine große Schüssel geben, damit er schneller abkühlt, und die Reiskörner mit einer Gabel auflockern.

2 Frühlingszwiebeln vorbereiten

Die Frühlingszwiebeln vorbereiten, während der Reis kocht. Eine ausführliche Anleitung zum Schneiden von Frühlingszwiebeln finden Sie auf Seite 33. Den Wurzelansatz und den harten oberen Teil der grünen Blätter mit einem Messer wegschneiden. Die Zwiebeln nebeneinanderlegen und den weißen Teil sowie etwa 2,5 cm der grünen Blätter quer in dünne Ringe schneiden. Beiseitestellen.

3 Basilikum in feine Streifen schneiden

Eine genaue Anleitung zum Zerkleinern von Basilikum finden Sie auf Seite 36. Die Basilikumblätter in zwei kleinen Stapeln übereinanderlegen. Einen Stapel längs sehr eng aufrollen. Die Blätter mit einem Kochmesser quer in dünne Streifen schneiden. Ebenso mit dem zweiten Stapel verfahren. Beiseitestellen.

4 Petersilie hacken

Eine ausführliche Anleitung zum Hacken von Petersilie finden Sie auf Seite 34. Die Blätter von den Stängeln zupfen und die Stängel entsorgen. Die Blätter in der Mitte des Schneidebretts aufhäufen. Die Spitze eines Kochmessers mit den Fingerspitzen fixieren und die Messerklinge auf und ab sowie nach links und rechts über die Blättchen bewegen, bis sie gleichmäßig grob zerhackt sind. Beiseitestellen.

5 Mozzarella reiben

Besonders leicht geht das Reiben von Mozzarella, einem recht weichen Käse, mit einer Vierkantreibe von der Hand, die auf ein Stück Backpapier gestellt wird. Den Käse auf der grob gelöcherten Seite auf und ab bewegen.

EMPFEHLUNG

Servieren Sie dieses Gericht als Vorspeise eines sommerlichen Menüs oder als Beilage zu gegrilltem Fleisch.

6
7>

6 Füllung zubereiten

Mozzarella, Frühlingszwiebeln, Basilikum, Petersilie und Pfeffer mit dem Reis mischen. Abschmecken und bei Bedarf ein wenig mehr Salz, Pfeffer, Kräuter oder Frühlingszwiebeln zufügen, damit es pikanter wird.

7 Von den Tomaten einen Deckel abschneiden

Einen Rost auf die mittlere Schiene des Backofens schieben und den Ofen auf 190 °C vorheizen. Eine flache Auflaufform, die gerade groß genug für die Tomaten ist, leicht mit Olivenöl einfetten. Von den Tomaten mit einem Messer oben knapp ein Viertel als Deckel abschneiden, um die Kerne entfernen zu können. Die Deckel wegwerfen.

8 Kerne, Saft und inneres Tomatenfleisch entfernen

Eine Tomate mit der Schnittfläche nach unten über eine Schüssel halten und mit einer Hand behutsam quetschen, um Kerne und Saft herauszudrücken. Mit einem Löffel oder mit den Fingern die verbliebenen Kerne entfernen. Das innere Fruchtfleisch vorsichtig mit einem Schälmesser entfernen und die Tomate so vollständig aushöhlen. Ebenso mit den verbliebenen Tomaten verfahren. Kerne, Saft und Tomatenfleisch entsorgen.

9 Tomaten füllen

Die Reisfüllung mit einem Löffel locker in die Tomaten füllen und oben leicht aufhäufen. Jede Tomate sollte etwa 60 g Füllung enthalten. Pressen Sie die Füllung nicht zu fest hinein (auch wenn noch Reis übrig ist), sonst werden die Tomaten zu schwer und kompakt. Die Tomaten in die vorbereitete Form setzen. Sollte noch etwas von der Reisfüllung übrig sein, verteilen Sie sie einfach auf dem Boden der Form, bevor Sie die Tomaten hineinsetzen. Die Füllung wird im Ofen schön braun und knusprig.

PROFITIPP

Große, saftige Fleischtomaten eignen sich besonders gut zum Füllen. Einen Deckel abschneiden, die Kerne mit einem Löffel herauslösen und den entstandenen Hohlraum mit der Reismischung ausfüllen. Beim Kauf auf große, feste Tomaten achten, die einen guten Stand haben.

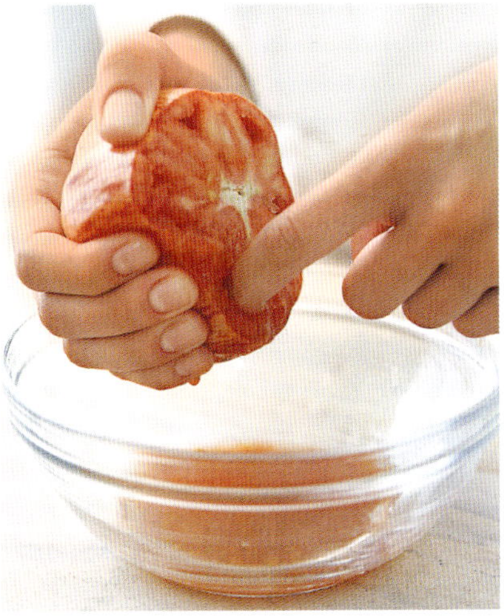

10 Semmelbrösel vorbereiten

Eine ausführliche Anleitung zur Herstellung von frischen Semmelbröseln finden Sie auf Seite 37. Bauern- oder Sauerteigbrot ist eine gute Wahl, da sie eine feste, kompakte Struktur haben. Das Brot in kleine Stücke reißen und in eine Küchenmaschine oder einen Mixer geben. Die Brotstücke in der Küchenmaschine oder im Mixer mit der Intervallfunktion fein zerkleinern.

11 Semmelbrösel mit Butter überziehen

Die Butter in einer kleinen Pfanne bei mittlerer Hitze zerlassen. Semmelbrösel und zerlassene Butter mit einer Gabel mischen, bis die Brösel gleichmäßig von Butter überzogen sind. Durch die Butter erhalten die Semmelbrösel einen volleren Geschmack. Die Brösel gleichmäßig über die gefüllten Tomaten verteilen und leicht andrücken, um sie mit der Füllung zu verbinden.

12 Tomaten backen

Die Tomaten etwa 30 Minuten backen, bis die Semmelbrösel goldbraun geworden sind. 5–10 Minuten abkühlen lassen, damit sich die Füllung setzt. Sofort servieren oder etwas abkühlen lassen und lauwarm servieren.

PROFITIPP

Große frische Tomaten aus Garten oder Supermarkt sollten bei Zimmertemperatur gelagert werden. Im Kühlschrank büßen sie viel Aroma ein und werden leicht mehlig.

Serviervorschläge

Auch anderes Gemüse, wie Auberginen, Paprika und Zucchini, kann mit dieser Mischung aus Reis, Mozzarella und Basilikum gefüllt werden. Halten Sie auf Wochenmärkten Ausschau nach Exemplaren, die etwa dieselbe Menge an Füllung aufnehmen können wie die Tomaten. Nur so bleibt die Garzeit von 30 Minuten erhalten. Zucchini sind auch kugelförmig erhältlich (Rondini), doch auch die länglichen eignen sich zum Füllen.

Asiatische Auberginen (oben links)
1 kg Auberginen längs halbieren. Bis auf einen Rand von 6 mm mit einem Melonenausstecher aushöhlen und füllen.

Paprika (links)
Die von Natur aus hohlen Paprika sind zum Füllen ideal. Besonders dekorativ wird es, wenn Sie die Paprika längs halbieren, Kerne und innere Rippen entfernen, den Stiel jedoch intakt lassen.

Zucchini (oben)
Runde Zucchini (Rondini) eignen sich wunderbar zum Füllen. Hierzu oben einen Deckel abschneiden, die Rondini aushöhlen und füllen. Den Deckel wieder aufsetzen und die Rondini backen.

1

2

3

4

GRUNDREZEPT

Geröstetes Wurzelgemüse mit Rosmarin

Beim Rösten wird dem Gemüse Flüssigkeit entzogen, und die natürliche Süße tritt deutlicher hervor. Besonders dekorativ ist geröstetes rotes, gelbes oder orangefarbenes Wurzelgemüse, doch Sie können auch andere Sorten verwenden.

250 g kleine rote Zwiebeln

1 große oder 2 kleine Knoblauchknollen

4 große Karotten

2 große Pastinaken

3 Gelbe oder Rote Beten

2 Steckrüben

5 rote Kartoffeln

80 ml Olivenöl

1 TL Meersalz

1/4 TL frisch gemahlener Pfeffer

4 frische Rosmarinzweige, je etwa 7 cm lang

250 ml Wasser

6–8 frische Stängel glatte Petersilie

ERGIBT 4–6 PORTIONEN

1 Zwiebeln vorbereiten

Einen Rost auf die mittlere Schiene des Backofens schieben und den Ofen auf 220 °C vorheizen. Einen Topf zu drei Vierteln mit Wasser füllen und das Wasser zum Kochen bringen. Sobald das Wasser heftig zu sprudeln beginnt, die Zwiebeln hineingeben und 1 Minute kochen. Die Zwiebeln in ein Sieb abgießen und unter fließend kaltem Wasser abschrecken, um sie schnell abzukühlen. Die Wurzeln knapp über dem Wurzelansatz mit einem Schälmesser abschneiden, damit die einzelnen Zwiebelschichten noch durch den Strunk zusammengehalten werden. Die Zwiebeln mit den Fingern aus der Schale drücken. Fest sitzende Schalen mit einem Schälmesser entfernen.

2 Knoblauch vorbereiten

Von den Knoblauchknollen oben etwa 12 mm abschneiden, um die einzelnen Zehen freizulegen. Alle losen Bereiche der papierartigen Schale abreiben. Es ist allerdings wichtig, dass die Zehen gut von einer festen Schale umgeben sind, da sie beim Backen sonst austrocknen. Alternativ in einzelne Zehen aufteilen und nicht schälen. Einzelne Zehen trocknen nicht so schnell aus, da die Spitzen nicht abgeschnitten werden. Außerdem sind sie leichter zu servieren. Eine im Ganzen geröstete Knoblauchknolle sieht allerdings schöner aus.

3 Karotten vorbereiten

Die Karotten mit einem Sparschäler schälen und mit einem Messer von Wurzel- und Stielansatz befreien. Die Karotten in etwa 6 cm lange Stücke schneiden. Große Stücke längs vierteln und mittelgroße Stücke längs halbieren.

4 Pastinaken vorbereiten

Die Pastinaken ebenso wie die Karotten schälen und putzen. In 6 cm lange Stücke schneiden. Größere Stücke halbieren oder vierteln, damit sie genauso groß sind wie die Karotten. Bei den halbierten oder geviertelten Stücken mit einem Schälmesser den harten Strunk herausschneiden.

PROFITIPP

Geröstetes Gemüse ist eine ideale Beilage zu Brathähnchen oder anderem Fleisch aus dem Ofen, insbesondere da der Ofen ohnehin schon geheizt wird. Rösten Sie das Gemüse in einem zweiten Bräter neben dem Fleisch oder geben Sie es mit dem Hähnchen zusammen in einen Bräter. Wenn das Fleisch schon vor dem Gemüse gar ist, das Fleisch zum Ruhen aus dem Ofen nehmen und das Gemüse weiterrösten.

5

6

5 Bete vorbereiten

Ein wenig Übung mit einem Schälmesser genügt, und runde Gemüsesorten wie Steckrüben und Bete lassen sich schnell und zudem in einer optisch ansprechenden, kantigen Form schälen. Gemüse wie Karotten und Pastinaken sollte mit einem Sparschäler geschält werden, der keine „Schälspuren" hinterlässt. Eine ausführliche Anleitung zum Schälen von runden Gemüsesorten finden Sie auf Seite 42. Die Gelbe Bete eignet sich gut zum Rösten mit anderem Wurzelgemüse, da sie nicht – wie die Rote Bete – ausfärbt. Geschmacklich ist sie milder als ihre rote Verwandte und hat auch kein so erdiges Aroma. Falls Sie keine Gelbe Bete erhalten, können Sie sie durch Rote Bete ersetzen. Wurzel- und Stielansatz der Bete mit einem Messer abschneiden. Mit einem Schälmesser der Kontur der Bete folgen und recht dick abschälen. Die Bete in Spalten schneiden, die etwa ebenso groß sind wie die größten Karottenstücke.

6 Steckrüben vorbereiten

Den Stiel- und Wurzelansatz der Steckrüben mit einem Messer abschneiden. Die Rüben mit einem Schälmesser dick abschälen und mit einem Messer in Spalten schneiden, die etwa ebenso groß sind wie die größten Karottenstücke. Steckrüben verfärben sich nach dem Schälen schnell, diese daher am Schluss vorbereiten, um die Verfärbung möglichst gering zu halten.

7 Kartoffeln vorbereiten

Die Kartoffeln mit einer Gemüsebürste sorgfältig unter fließend kaltem Wasser abbürsten. Mit einem Messer in ebenso große Stücke wie das restliche Gemüse schneiden. Bioware muss nicht geschält werden. Rote Kartoffeln sind sehr nahrhaft und verleihen dem Gericht Farbe. Ebenso wie Steckrüben verfärben sich Kartoffeln nach dem Zerschneiden schnell und sollten daher erst am Schluss vorbereitet werden.

8 Gemüse würzen

Wurzelgemüse und Knoblauchknolle(n) oder -zehen in eine große Schüssel geben. Olivenöl, Salz und Pfeffer zufügen und alles gut mit den Händen wenden, bis das Gemüse rundum vom Öl überzogen ist. Besonders beim Rösten von Knoblauchknollen ist es wichtig, dass die Schnittfläche gut eingeölt ist, damit der Knoblauch nicht verbrennt. Das Gemüse nebeneinander in einen großen Bräter geben und 2 Rosmarinzweige zufügen.

9 Wasser angießen

Das Wasser in den Bräter gießen. Die Zugabe von Wasser ist beim Rösten nicht üblich, in diesem Fall ist es jedoch notwendig, da das feste Wurzelgemüse schnell austrocknet.

10 Gemüse rösten

Den Bräter in den Ofen stellen und eine Servierplatte auf dem Herd platzieren, um sie durch die Hitze des Ofens anzuwärmen. Das Gemüse mithilfe eines Holzspatels oder einer Zange alle 20 Minuten wenden. So gart alles gleichmäßig. Weiterrösten, bis das Gemüse goldbraun geworden ist und die größten Stücke sich beim Einstechen mit einer Messerspitze weich anfühlen. Je nach Größe des Bräters sowie Größe der Gemüsestücke dauert dies 1–1 ½ Stunden.

11 Petersilie hacken

Während das Gemüse gart, die Petersilie hacken. Eine ausführliche Anleitung zum Zerkleinern von Petersilie finden Sie auf Seite 34. Die Blätter von den Stängeln zupfen und die Stängel entsorgen. Die Blätter in der Mitte des Schneidebretts aufhäufen. Die Spitze eines Kochmessers mit den Fingerspitzen fixieren und die Messerklinge auf und ab sowie nach links und rechts über die Blätter bewegen, bis sie gleichmäßig grob zerhackt sind. In eine Schüssel geben.

12 Rosmarin fein hacken

Eine genaue Anleitung zum Hacken von Rosmarin finden Sie auf Seite 35. Die Blätter von den restlichen 2 Rosmarinzweigen mit Daumen und Zeigefinger behutsam von oben nach unten von den Stängeln streifen und die Stängel entsorgen. Die Blätter auf dem Schneidebrett aufhäufen und mit dem Messer auf dieselbe Weise wie die Petersilie hacken, bis der Rosmarin sehr fein gehackt ist. Den Rosmarin in der Schüssel gut mit der Petersilie mischen.

13 Gemüse servieren

Das fertig gegarte Gemüse in die angewärmte Schüssel geben. Falls Sie ganze Knoblauchknollen geröstet haben, setzen Sie sie aufrecht in das Gemüse. Das Herausdrücken der einzelnen Zehen mit den Fingern (oder auch mit einer Gabel) ist eine vergnügliche Angelegenheit. Entweder einzelne Zehen bei Tisch aus der Schale drücken oder die Zehen aus der Knolle herausbrechen und ausdrücken. Das Gericht abschmecken. Bei Bedarf noch etwas Salz zufügen. Das Röstgemüse mit Petersilie und Rosmarin bestreuen und sofort servieren.

Serviervorschläge

Das Rezept Geröstetes Wurzelgemüse mit Rosmarin (siehe Seite 113) können Sie als Grundlage für andere, vergleichbare Gemüsesorten nutzen und nach Lust und Laune kombinieren. Wie wäre es zum Beispiel mit in Knoblauch aromatisierten Kartoffeln? Sie können auch eine ganz persönliche Mischung aus etwa 2 kg Gemüse nach Wahl zusammenstellen und wie im vorangegangenen Rezept zubereiten.

Gemischte Beten (oben links)
Mischen Sie verschiedene Bete-Sorten. Bei der Verarbeitung von Roten Beten sollten Sie, um ein Abfärben zu verhindern, das Schneidebrett mit Frischhaltefolie abdecken und die Beten zum Rösten separat in Alufolie setzen.

Kartoffeln mit Knoblauch (links)
Kartoffeln und Knoblauch sind eine tolle Verbindung. Die hier gezeigten roten und braunen Drillinge sind sehr saftig und sehen schön aus.

Karotten und Pastinaken (oben)
Karotten und Pastinaken sind verwandt und schmecken in Kombination sehr gut. Wählen Sie kleine Karotten und lassen ein wenig Grün stehen. Schneiden Sie die Pastinaken in Streifen.

Variationen für geröstetes Gemüse

Die Zubereitung des Gerösteten Wurzelgemüses mit Rosmarin (siehe Seite 113) hat gezeigt, wie einfach es ist, Gemüse schmackhaft im Ofen zuzubereiten. Wichtig ist es, gleichmäßig groß geschnittene Gemüsestücke und zum Gericht passende Gewürze zu verwenden. Nicht nur festes Gemüse wie Kartoffeln, Karotten und Zucchini, sondern auch zarter Spargel, saftige Tomaten oder Artischocken sind geröstet ein Genuss. Jede Variation ergibt 4–6 Portionen.

Geröstete ganze Karotten mit Schalotten & Kräutern

Beim Rösten intensiviert sich die Süße der Karotten, die durch Schalotten und Kräuter wieder abgemildert wird.

Einen Rost auf die mittlere Schiene des Backofens schieben und den Ofen auf 230 °C vorheizen.

12 Karotten (etwa 20 cm lang und 2,5 cm breit) schälen und den Stielansatz abschneiden. Nebeneinander mit etwas Abstand in einen großen Bräter legen. 1 Esslöffel Olivenöl, ½ Teelöffel Meersalz und ⅛ Teelöffel zerstoßenen getrockneten Thymian zufügen. Die Karotten gut im Öl wenden, dann 125 ml trockenen Weißwein oder Wasser zugießen.

40–50 Minuten im Ofen rösten, bis die Karotten karamellisiert sind, dabei alle 15 Minuten wenden.

In einer kleinen Pfanne 30 g Butter bei mittlerer Hitze zerlassen. 30 g fein gewürfelte Schalotte, 10 g frisch gehackte glatte Petersilie, 1 Teelöffel frisch gehackten Thymian und ⅛ Teelöffel frisch gemahlenen Pfeffer zugeben. Unter Rühren 1–2 Minuten andünsten. Über die Karotten geben und alles gut wenden. Auf einer vorgewärmten Servierplatte anrichten und sofort servieren.

Geröstete Baby-Artischocken

Eine wunderbare Vorspeise!

Einen Rost auf die mittlere Schiene des Backofens schieben und den Ofen auf 200 °C vorheizen. Die Schale von 2 Zitronen abreiben und den Saft auspressen. Die Schale beiseitestellen und den Saft in eine Schüssel mit kaltem Wasser geben.

20–24 Baby-Artischocken vorbereiten. Hierzu die äußeren Blätter entfernen, bis man zu den helleren Blättern in der Mitte vordringt. Etwa ein Drittel der Artischockenspitze abschneiden und Wurzelansatz und Stiel entfernen. Die Artischocken halbieren und ins Zitronenwasser geben.

Abgießen und in eine Schüssel geben. Mit 3 Esslöffeln Olivenöl, ¾ Teelöffel Meersalz und ¼ Teelöffel frisch gemahlenem Pfeffer mischen und in einem Bräter verteilen. 1 Lorbeerblatt und 1 frischen Thymianzweig zufügen und 125 ml trockenen Weißwein oder Wasser zugießen. Im Ofen 35–45 Minuten gar rösten, dabei gelegentlich wenden.

Zitronenschale, 1 fein gewürfelte Schalotte und 1 Esslöffel fein gehackten frischen Estragon mischen. Unter die gerösteten Artischocken heben und servieren.

Geröstete Kirschtomaten

Geröstete Kirschtomaten sind wunderbar süß und zart. Während des Backens platzen sie auf und zerlaufen. Man kann sie als saftige Beilage oder zerdrückt über Fisch oder gegrillter Polenta genießen.

Einen Rost auf die mittlere Schiene des Backofens schieben und den Ofen auf 220 °C vorheizen.

550–750 g Kirschtomaten waschen. Nach Belieben die Stiele entfernen. Die Tomaten nebeneinander in einen Bräter legen und mit 4 Teelöffeln Olivenöl und ¼ Teelöffel Meersalz mischen.

Je nach Größe die Tomaten 5–7 Minuten rösten, bis die Haut aufplatzt und der Tomatensaft teilweise in den Bräter läuft. ⅛ Teelöffel frisch gemahlenen Pfeffer zufügen und alles gut wenden. Die Tomaten abschmecken, in eine vorgewärmte Schüssel geben und servieren.

Gerösteter Delicata-Kürbis mit würziger roter Butter

Die pikant mit Paprika, Kreuzkümmel, Koriander und frischen Kräutern gewürzte Butter harmoniert sehr gut mit dem süßen Kürbisaroma.

Einen Rost auf die mittlere Schiene des Backofens schieben und den Ofen auf 190 °C vorheizen. Einen Bräter, in dem die Kürbishälften nebeneinanderliegend ausreichend Platz haben, leicht mit Olivenöl einfetten.

4–6 Delicata-Kürbisse à 250 g längs halbieren, die Kerne lösen und entfernen. Jede Hälfte mit ½ Teelöffel Olivenöl bestreichen und mit je 1 Prise Salz einreiben. Den Kürbis mit den Schnittseiten nach unten in den Bräter legen. 50 ml Wasser angießen und im Ofen 25–30 Minuten rösten, bis der Kürbis sich beim Einstechen mit einer Messerspitze weich anfühlt.

Inzwischen 50 g Butter auf Zimmertemperatur, 1 fein gehackte Frühlingszwiebel, 1 Esslöffel frisch gepressten Limettensaft und je 2 Teelöffel frisch gehackte glatte Petersilie und Koriander in einer Schüssel mischen. 2 Teelöffel Paprikapulver edelsüß, 1 Teelöffel gemahlenen Kreuzkümmel, ¼ Teelöffel gemahlenen Koriander, ¼ Teelöffel Meersalz und ⅛ Teelöffel Cayennepfeffer zufügen und unterrühren. Die Würzbutter abschmecken.

Den fertig gerösteten Kürbis mit der Schnittseite nach oben auf einer vorgewärmten Servierplatte oder auf Tellern platzieren und einen Löffel Würzbutter zugeben. Sofort servieren.

Geröstete Kartoffelspalten

Festkochende Kartoffeln wie Nicola, Sieglinde und Sigma sowie vorwiegend festkochende Sorten wie Yukon Gold sind ideal zum Rösten.

Einen Rost auf die mittlere Schiene des Backofens schieben und den Ofen auf 200 °C vorheizen.

1 kg etwa gleichmäßig große festkochende oder vorwiegend festkochende Kartoffeln auswählen. Gründlich abbürsten, aber nicht schälen. Die Kartoffeln längs in 5 cm lange Spalten schneiden. (Alternativ kleine neue Kartoffeln oder Drillinge verwenden. Diese im Ganzen, halbiert oder geviertelt rösten.)

Die Kartoffelspalten nebeneinander in einen großen Bräter legen.

In einer kleinen Pfanne 100 g Butter bei mittlerer Hitze zerlassen. Auf geringe Hitze reduzieren und 1 Minute köcheln lassen, bis das in der Butter enthaltene Wasser verdunstet ist. Vom Herd nehmen und 2 Minuten abkühlen lassen. Den Schaum mit einem Löffel von der Oberfläche der Butter abschöpfen und entsorgen. Die Butter durch ein feinmaschiges Sieb über die Kartoffeln gießen.

½ TL Meersalz zufügen und die Kartoffeln gut in der Butter wenden. Etwa 25 Minuten im Ofen rösten, bis sie goldgelb sind und sich beim Einstechen mit einer Messerspitze weich anfühlen. Dabei etwa alle 12 Minuten wenden. Die Kartoffeln kosten und bei Bedarf mehr Salz sowie Pfeffer zufügen. In eine vorgewärmte Schüssel geben und sofort servieren.

Geröstete Süßkartoffeln mit Sojaglasur

Hier werden Süßkartoffeln im Ganzen geröstet, damit sie schön saftig bleiben, anschließend aufgeschnitten, mit einer süß-salzigen Sojaglasur bestrichen und weitergeröstet.

Einen Rost auf die mittlere Schiene des Backofens schieben und den Ofen auf 200 °C vorheizen.

4 Süßkartoffeln à 250 g abbürsten. Auf ein tiefes Backblech setzen und jede Süßkartoffel ein paar Mal mit einer Gabel einstechen. 50–60 Minuten im Ofen rösten, bis sie sich beim Einstechen mit einer Messerspitze weich anfühlen.

Je 60 ml Mirin (japanischer Reiswein) und frisch gepressten Orangensaft, 2 Esslöffel Sojasauce, 2 Esslöffel braunen Zucker und 15 g Butter in einem kleinen Topf unter Rühren zum Kochen bringen, bis die Butter zerlassen ist. Sprudelnd etwa 5 Minuten kochen lassen, bis die Flüssigkeit auf etwa 60–80 ml reduziert ist.

Die fertig gegarten Süßkartoffeln auf ein Schneidebrett geben, den Ofen anlassen. Die Kartoffeln mit einer Küchenzange fixieren und längs halbieren. Mit einem Schälmesser die Schnittfläche jeder Hälfte kreuzweise einschneiden.

Die Süßkartoffelhälften mit der Schnittseite nach oben nebeneinander auf ein leicht eingebuttertes Backblech legen. Die eingeschnittene Fläche mit der Glasur bestreichen und das Blech in den Ofen schieben. Weitere 5–7 Minuten backen, bis die Glasur eingezogen ist und das Fruchtfleisch an der Oberseite glänzt. Sofort servieren.

GRUNDREZEPT

Geröstete Zucchini

Bei diesem Röstgemüse kommt das milde Aroma von grünen und gelben Zucchini auf einem Bett aus Zwiebeln und Kräutern besonders gut zum Ausdruck. Als letzter Pfiff wird das Gericht vor dem Servieren noch mit Olivenöl beträufelt.

- 2 rote Zwiebeln (Gesamtgewicht 500 g)
- 1 kleines Bund frischer Majoran oder Oregano
- 2 oder 3 frische Thymianzweige
- 1 kleine Knoblauchzehe
- 500 g grüne Zucchini
- 500 g gelbe Zucchini
- 3 EL Olivenöl, plus etwas mehr zum Einfetten, Bestreichen und Beträufeln
- 80 ml trockener Weißwein oder Hühnerbrühe
- ¾ TL Meersalz
- ¼ TL frisch gemahlener Pfeffer

ERGIBT 4–6 PORTIONEN

1 Zwiebeln vorbereiten

Eine ausführliche Anleitung zum Würfeln von Zwiebeln finden Sie auf Seite 30. Die Zwiebel mit einem Kochmesser längs halbieren und schälen. Eine Zwiebelhälfte mit der Schnittseite nach unten auf ein Schneidebrett legen. In mehreren Längsschnitten bis zur Wurzel ein-, aber nicht durchschneiden (so fällt die Zwiebel beim Schneiden nicht auseinander). Waagerecht mehrere Schnitte machen und mit senkrechten Querschnitten 12 mm große Würfel herstellen. So mit beiden Zwiebeln verfahren.

2 Kräuter vorbereiten

Eine genaue Anleitung zum Hacken von Kräutern finden Sie auf Seite 35. Den Majoran hacken. Hierzu die Majoranblätter mit Daumen und Zeigefinger behutsam von oben nach unten von den Stängeln streifen und die Stängel entsorgen. Die Blätter in der Mitte des Schneidebretts aufhäufen. Die Spitze eines Kochmessers mit den Fingerspitzen fixieren und die Messerklinge auf und ab sowie nach links und rechts über die Blätter bewegen, bis sie gleichmäßig grob zerhackt sind. Den Thymian auf dieselbe Weise hacken. Die Kräuter separat beiseitestellen.

3 Knoblauch fein hacken

Eine ausführliche Anleitung zum Zerkleinern von Knoblauch finden Sie auf Seite 32. Die Knoblauchzehe auf ein Schneidebrett legen und mit der flachen Klinge eines Kochmessers durch kräftigen Druck aufbrechen. Die Schale abziehen. Die Zehe längs halbieren und längs in dünne Scheiben schneiden. Die Scheiben mit dem Kochmesser in einer Wiegebewegung grob hacken. Am Messer haftende Knoblauchstücke abstreifen, alle Stücke aufhäufen und mit dem Messer weiterwiegen, bis der Knoblauch sehr fein gehackt ist.

4>

4 Zucchini vorbereiten

Die Zucchini unter fließend kaltem Wasser abbrausen und gründlich trocken tupfen. Den Stielansatz abschneiden und entsorgen. Die Zucchini mit einem Messer schräg in etwa 6 mm breite Scheiben schneiden. Schräg geschnittene Scheiben sehen nicht nur dekorativer aus, sie lassen sich auch einfacher in die Form schichten. Die runden Blütenansätze entsorgen.

5 Zwiebeln andünsten

Einen Rost auf die mittlere Schiene des Backofens schieben und den Ofen auf 180 °C vorheizen. Eine flache Auflaufform (2 Liter Inhalt) leicht einölen. Eine große Pfanne bei mittlerer bis starker Hitze erwärmen. 2 Esslöffel Olivenöl in die heiße Pfanne geben und ein paar Sekunden erhitzen. Wenn die Oberfläche zu schimmern beginnt, ist die gewünschte Temperatur erreicht. Die Zwiebeln hineingeben und mit einem Holzlöffel gleichmäßig im Öl wenden. Unter Rühren etwa 5 Minuten andünsten, bis die Zwiebeln weich und leicht angebräunt sind.

6 Zwiebeln würzen und mit Wein ablöschen

Majoran, die Hälfte des Thymians und den Knoblauch in die Pfanne geben und alles verrühren. Mit Wein ablöschen und etwa 2 Minuten köcheln lassen, bis der Wein verdunstet ist. ½ Teelöffel Meersalz und ⅛ Teelöffel Pfeffer unterrühren. Die Zwiebeln in die vorbereitete Form geben und mit einem Löffelrücken gleichmäßig verteilen.

PROFITIPP

Verwenden Sie am besten grüne oder gelbe Zucchini. Beide haben auf ganzer Länge einen nahezu gleichbleibenden Durchmesser, sodass beim Schneiden gleichmäßige Scheiben entstehen.

7 Gemüse schichten

Gelbe und grüne Zucchini abwechselnd in sich überlappenden Reihen über die Zwiebeln in die Form legen. Die Anzahl der Reihen hängt von der Größe der Form und der Zucchini ab. Auf jeden Fall alle vorbereiteten Zucchinischeiben verwenden, auch wenn die Scheiben sehr eng aneinanderliegen und hoch aufgetürmt werden. Sie fallen beim Backen noch zusammen. Mit dem verbliebenen ½ Teelöffel Thymian, ¼ Teelöffel Salz und ⅛ Teelöffel Pfeffer bestreuen.

8 Gemüse abgedeckt vorbacken

Die Auflaufform mit Alufolie abdecken und etwa 30 Minuten backen. Auf diese Weise bleiben die Zucchini schön saftig und trocknen während des folgenden Backvorgangs nicht aus.

9 Mit Öl bestreichen

Die Form aus dem Ofen nehmen und die Alufolie entfernen. Die Zucchini oben mithilfe eines Küchenpinsels mit dem verbliebenen Esslöffel Olivenöl bestreichen. Dadurch bleiben die Scheiben beim weiteren Backen saftig und erhalten noch zusätzliches Aroma. Wieder in den Ofen stellen und noch etwa 1 Stunde backen, bis die Zucchini leicht angebräunt sind und sich beim Einstechen mit einem Schälmesser weich anfühlen.

10 Gemüse servieren

Das Gemüse 10–15 Minuten auf einem Kuchengitter ruhen lassen, damit sich das Aroma weiter entfalten kann. Mit einem Löffel oder Spatel auf vorgewärmte Teller verteilen und jede Portion noch mit ein wenig Olivenöl beträufeln. Heiß, warm oder bei Zimmertemperatur servieren.

PROFITIPP

Dieses Gericht kann mit verschiedenen Gemüsesorten zubereitet werden. Die Zucchini können Sie zum Beispiel um Auberginen- oder Eiertomatenscheiben sowie dünne Kartoffelscheiben ergänzen. In Schritt 5 können beim Sautieren der Zwiebeln auch noch gehackte Paprika oder Tomaten hinzugefügt werden.

Das i-Tüpfelchen

Gebackenes Gemüse muss nicht unbedingt in einer großen Auflaufform zubereitet werden. Schichten Sie Zucchinischeiben und Zwiebeln zum Beispiel in kleine Ramequin-Formen, die pro Person gereicht werden können. Neben Olivenöl können sie auch frischen Ziegenkäse oder Basilikum verwenden. Als weitere Alternative das Gericht mit in Butter gerösteten Semmelbröseln bestreuen.

Belegt mit Ziegenkäse und Basilikum (oben links)
Jede Portion mit etwas Olivenöl beträufeln und anschließend mit zerbröckeltem frischem Ziegenkäse und kleinen Basilikumblättern bestreuen.

In Ramequin-Formen backen (links)
Zwiebeln und Zucchini in Ramequin-Formen à 250 ml Inhalt schichten. Mit den Zwiebeln beginnen und mit je 4 Reihen Zucchini belegen. Mit Alufolie abdecken und etwa 30 Minuten backen. Die Alufolie entfernen und weitere 30–40 Minuten garen.

Zucchini mit gerösteten Semmelbröseln (oben)
In einer Pfanne 30 g Butter bei geringer Hitze zerlassen. 40 g frische Semmelbrösel darin unter Rühren etwa 5 Minuten rösten. Den fertigen Auflauf damit bestreuen.

Klassisches Kartoffelgratin

Das Geheimnis eines guten Kartoffelgratins sind die in sehr dünne Scheiben geschnittenen Kartoffeln, die beim Backen aneinanderhaften. Ein Gemüsehobel mit verschiedenen Schneideeinsätzen ist am besten geeignet, um gleichmäßig dicke Scheiben zu schneiden.

1 Knoblauchzehe

je 250 g Crème double und Sahne oder 250 g Crème double und 250 ml Milch

Butter, zum Einfetten

1,25 kg festkochende Kartoffeln

150 g Gruyère

1 TL Meersalz

½ TL frisch gemahlener Pfeffer

ERGIBT 4–6 PORTIONEN

PROFITIPP

Besonders appetitlich wirkt ein cremiges Stück Kartoffelgratin auf einem Bett aus grünen Blattsalaten. Mischen Sie einfach Salatblätter nach Wahl mit Ihrem Lieblingsdressing.

1 Knoblauch vorbereiten

Die Knoblauchzehe auf ein Schneidebrett legen und mit der flachen Klinge eines Messers durch kräftigen Druck aufbrechen. Die Zehe soll angedrückt, aber noch intakt sein. Die Schale abziehen. Der angedrückte Knoblauch aromatisiert die Sahnemischung und kann leicht wieder entfernt werden.

2 Sahnemischung mit Knoblauch aromatisieren

Knoblauch und Sahnemischung in einen kleinen Topf geben. Den Topf etwa 5 Minuten bei mittlerer bis geringer Hitze erwärmen, bis am Topfrand kleine Bläschen aufsteigen. Durch das Erhitzen wird die Sahnemischung stärker mit dem Knoblauch aromatisiert. Die Mischung jedoch auf keinen Fall kochen lassen, denn dadurch bildet sich eine Haut, die die Konsistenz der Flüssigkeit beeinträchtigt. Den Topf vom Herd nehmen, abdecken und noch etwas ziehen lassen. Nach 10 Minuten den Knoblauch mit einem Schaumlöffel entfernen. Den Topf wieder abdecken und die Mischung so warm halten.

3 Kartoffeln schälen

Während die Sahnemischung zieht, einen Rost auf die mittlere Schiene des Backofens schieben und den Ofen auf 190 °C vorheizen. Eine Auflaufform (23 cm x 30 cm Seitenlänge) mit Butter einfetten. Die Kartoffeln schälen. Eine ausführliche Anleitung zum Schälen von runden Gemüsesorten finden Sie auf Seite 42. Eine Schüssel zu drei Vierteln mit kaltem Wasser füllen. Die Enden einer Kartoffel oben und unten abschneiden. Die Kartoffel, der Kontur folgend, in schnellen, langen Zügen von oben nach unten abschälen. Die geschälte Kartoffel in die Schüssel mit Wasser geben und alle verbliebenen Kartoffeln ebenso vorbereiten. Die Aufbewahrung im Wasser verhindert eine Verfärbung der Kartoffeln.

4 Kartoffeln in dünne Scheiben schneiden

Die Kartoffeln mit einem Gemüsehobel in etwa 3 mm dicke Scheiben schneiden. Die Scheiben in eine zweite Schüssel ohne Wasser geben, damit die Kartoffeln nicht ihre Stärke verlieren. Die Stärke hält das Gratin später zusammen. (Alternativ die Kartoffeln mit einem scharfen Messer in 3 mm dicke Scheiben schneiden. Konzentriert arbeiten, damit alle Scheiben gleichmäßig dick werden.) ›

5 Käse raspeln

Besonders leicht geht das Raspeln von Gruyère, einem Hartkäse, mit einer Vierkantreibe von der Hand, die auf ein Stück Backpapier gestellt wird. Die grob gelöcherte Seite wählen und den Käse auf und ab bewegen.

6 Gratin zusammenstellen

Ein Viertel der Kartoffelscheiben gleichmäßig auf dem Boden der Form verteilen. ¼ Teelöffel Meersalz, ⅛ Teelöffel frisch gemahlenen Pfeffer und ein Viertel des Käses darüberstreuen. Auf die gleiche Weise noch 3 weitere Schichten herstellen, insgesamt also 4 Schichten. Die vierte Schicht so arrangieren, dass sich die Scheiben dekorativ überlappen, dann mit Salz, Pfeffer und Käse bestreuen. So bekommt das Gratin ein sehr attraktives Aussehen.

7 Sahnemischung zufügen

Die Sahnemischung über die Kartoffeln gießen. Die Flüssigkeit wird während des Backens von den Kartoffeln aufgenommen.

8 Gratin backen

Etwa 50 Minuten backen, bis das Gratin goldgelb ist und die Kartoffeln sich beim Einstechen mit einer Messerspitze weich anfühlen. 10 Minuten auf einem Kuchengitter ruhen lassen, dann mit einem Kochmesser in Stücke schneiden. Die Stücke mit einem Spatel herausheben und sofort servieren.

ZUBEREITUNG IM VORAUS

Wenn Sie ein Gratin im Voraus zubereiten möchten, nehmen Sie es nach etwa 25–30 Minuten aus dem Ofen. Die Kartoffeln sind jetzt noch nicht gar. Bis zu 2 Stunden bei Zimmertemperatur ruhen lassen, mit Alufolie abdecken und in einem auf 180 °C vorgeheizten Backofen etwa 25 Minuten fertig garen.

Gratin-Variationen

Das Rezept Klassisches Kartoffelgratin (siehe Seite 126) zeigt, wie stärkehaltige Kartoffeln im Ofen langsam eine gewürzte Flüssigkeit aufnehmen und durch diesen Prozess butterzart, saftig und goldbraun werden. Diese Technik können Sie auch auf andere Gemüsesorten anwenden, wie zum Beispiel Süßkartoffel, die kurz angegart und anschließend in einer Chilisahne gratiniert wird. Bei Fenchel und Porree muss die fehlende Stärke durch mehlig kochende Kartoffeln ergänzt werden. Auch Butternuss-Kürbis kann man mit karamellisierten Zwiebeln und Käse gratinieren. Die folgenden Gerichte eignen sich als Beilage oder Hauptspeise. Jede Variation ergibt 4–6 Portionen.

Süßkartoffelgratin

Chili und Crème double kontrastieren hier mit der Süße der Süßkartoffel.

Einen Rost auf die mittlere Schiene des Backofens schieben und den Ofen auf 190 °C vorheizen. Einen Topf zu drei Vierteln mit Wasser füllen und zum Kochen bringen.

In einem zweiten Topf 250 ml Hühnerbrühe, 250 g Crème double und 1 Esslöffel mittelscharfe Chilipaste (kann durch Currypaste ersetzt werden) bei mittlerer Hitze einmal aufkochen. Vom Herd nehmen und abschmecken, bei Bedarf mehr Chilipaste zufügen. Beiseitestellen, abdecken und warm halten.

1,25 kg Süßkartoffeln in 3 mm dicke Scheiben schneiden. 1 Teelöffel Meersalz und die Süßkartoffeln ins kochende Wasser geben. Etwa 3 Minuten garen. Abgießen.

Ein Viertel der Scheiben in einer gebutterten Auflaufform (23 cm x 30 cm) verteilen. Mit ¼ TL Meersalz bestreuen. So insgesamt 4 Schichten herstellen. Die Crème-double-Mischung darübergießen, mit Alufolie abdecken und 25 Minuten backen. Die Alufolie entfernen und etwa 20 weitere Minuten garen.

Fenchel-Kartoffel-Gratin

Kartoffeln und Fenchel ergeben ein wunderbares Gratin.

Einen Rost auf die mittlere Schiene des Backofens schieben und den Ofen auf 180 °C vorheizen.

1 kg geputzte Fenchelknollen senkrecht durch den Wurzelansatz halbieren. Den inneren Strunk herausschneiden und die Hälften längs oder quer in 6 mm dicke Scheiben schneiden.

Eine Pfanne bei mittlerer Hitze erwärmen und 30 g Butter darin zerlassen. Den Fenchel etwa 5 Minuten unter häufigem Rühren andünsten. 100 g in dünne Ringe geschnittenen Porree zufügen und 1 weitere Minute dünsten. In eine große Schüssel geben.

600 g mehlig kochende Kartoffeln in 3 mm dicke Scheiben schneiden. Mit 1 Teelöffel Meersalz und ¼ Teelöffel frisch gemahlenem Pfeffer zum Fenchel geben und alles vermengen. 250 ml Hühnerbrühe und 250 g Crème double unterrühren. Gleichmäßig in einer gebutterten Auflaufform (23 cm x 30 cm) verteilen. Etwa 50 Minuten backen, bis die Zutaten gar sind.

Butternuss-Kürbis-Gratin

Das aromatische Fruchtfleisch des Butternuss-Kürbis ist ideal für ein Gratin.

Einen Rost auf die mittlere Schiene des Backofens schieben und den Ofen auf 190 °C vorheizen.

2 Zwiebeln in 12 mm dicke Scheiben schneiden. Eine große Pfanne bei starker Hitze erwärmen und je 1 Esslöffel Butter und Olivenöl darin erhitzen. Die Zwiebeln und 1 Esslöffel frisch gehackten Salbei zufügen und etwa 5 Minuten andünsten. Die Hitze reduzieren und etwa 20 Minuten weich dünsten. ½ Teelöffel Meersalz und ⅛ Teelöffel frisch gemahlenen weißen Pfeffer einrühren.

Den etwa 20 cm langen „Hals" von 1 Butternuss-Kürbis abschneiden und schälen. Längs halbieren und in 6 mm dicke Scheiben schneiden. Etwa 5 Minuten dämpfen (siehe Seite 57). Die Hälfte der Scheiben in einer gebutterten Auflaufform (23 cm x 30 cm Seitenlänge) verteilen und mit je ⅛ Teelöffel Salz und Pfeffer sowie mit 50 g geraspeltem Gruyère bestreuen. Mit Zwiebeln, 50 g Käse und den verbliebenen Kürbisscheiben belegen. Mit 50 g Käse bestreuen, 250 g Crème double auf dem Gratin verteilen und mit 30 g Semmelbröseln bestreuen. Etwa 30 Minuten backen.

Gerösteter grüner Spargel mit Orangen-Schalotten-Butter

Grüner Spargel wird immer beliebter und profitiert in diesem Rezept von starker Ofenhitze, die sein Aroma intensiviert und ihm einen leicht rauchigen Geschmack verleiht. Schließlich werden die zarten grünen Stangen mit einer durch Orangensaft und milde Schalotten aromatisierten Buttersauce garniert.

750 g grüner Spargel

2 TL Olivenöl

½ TL Meersalz, plus etwas mehr zum Würzen der Butter

1 Orange

2 Schalotten, fein gewürfelt (siehe Seite 31)

45 g kalte Butter, in kleinen Stücken

⅛ TL frisch gemahlener Pfeffer

ERGIBT 4–6 PORTIONEN

1 Spargel vorbereiten

Bei dickem Spargel das holzige Ende bis zu der Stelle abschneiden, an der die Farbe von hellgrün zu dunkelgrün wechselt. Die Endstücke entsorgen. Mit einem Sparschäler bis etwa 5 cm unter den Spitzen schälen. Bei sehr dünnen, etwa bleistiftdicken Spargelstangen das untere Ende mit den Fingern leicht biegen, bis die Stange durchbricht. Praktischerweise bricht sie exakt am Übergang zum hellen, holzigen, ungenießbaren Teil. Die Endstücke entsorgen. Dünne Stangen brauchen nicht geschält zu werden.

2 Spargel würzen

Einen Rost auf die mittlere Schiene des Backofens schieben und den Ofen auf 220 °C vorheizen. Eine Schüssel auf den Herd stellen und durch die Ofenhitze anwärmen. Die Spargelstangen nebeneinander in einen großen Bräter legen, Olivenöl und Salz zufügen und alles gut mischen.

3 Spargel rösten

Den Spargel in den Ofen schieben und je nach Dicke 15–25 Minuten rösten, dabei ein- bis zweimal wenden, bis die Stangen leicht geschrumpft sind und sich beim Einstechen mit einer Messerspitze weich anfühlen.

4 Buttersauce zubereiten

Eine ausführliche Anleitung zum Auspressen von Zitrusfrüchten finden Sie auf Seite 38. Die Orange halbieren und mit einer Zitruspresse oder einem hölzernen Presskegel ausdrücken. Orangensaft und Schalotten in einem Topf bei mittlerer bis starker Hitze zum Kochen bringen. Die Hitze reduzieren, bis nur noch gelegentlich kleine Bläschen an die Oberfläche treten. Etwa 4–5 Minuten köcheln lassen, bis sich die Flüssigkeit auf 1 ½ Esslöffel reduziert hat. Vom Herd nehmen, nach und nach die Butterstücke zufügen und unter Rühren mit einem Quirl zerlassen. Mit 1 Prise Salz und dem Pfeffer würzen.

5 Spargel servieren

Die Spargelstangen auf eine vorgewärmte Servierplatte geben, mit der Butter übergießen und sofort servieren.

PROFITIPP

Besonders intensiv in Farbe und Aroma sind Blutorangen, die der Sauce außerdem einen beerenartigen Geschmack verleihen.

Küchenutensilien

Zu einer gut ausgestatteten Küche gehören Töpfe und Pfannen in verschiedenen Größen, ein Satz scharfe Messer und eine Reihe von Küchenutensilien wie ein Sparschäler und eine Vierkantreibe. Denn mit den richtigen Hilfsmitteln lässt sich alles spielend leicht zubereiten: gekochte Nudeln, gebratenes Fleisch, gedünsteter Fisch – und natürlich Gemüsegerichte jeder Art.

Dämpfen & Kochen

Zum Kochen von Gemüse benötigen Sie einen großen Suppentopf mit einem Fassungsvermögen von bis zu 8 Litern, in dem Gemüse jeglicher Größe Platz findet. Weiterhin sollte ein mittelgroßer Topf nicht fehlen, in dem grüne Bohnen oder Kartoffelstücke gegart werden.

Zum Dämpfen gibt es faltbare Dämpfeinsätze in Form eines Metallkorbes mit kurzen Metallbeinen, die sich in Töpfe jeder Größe einpassen lassen und zum Dämpfen von Gemüse ideal sind. Am Topfboden kocht ein wenig Wasser, durch dessen Dampf das im Siebeinsatz ausgelegte Gemüse sanft gegart wird. Wichtig ist ein gut schließender Deckel.

Außerdem sind mit einem integrierten Siebeinsatz versehene Dämpftöpfe erhältlich. Gerade für festes Gemüse sind diese ideal, da hier im Gegensatz zu einem Metallkorb mehr Wasser eingefüllt und damit länger gedämpft werden kann.

Dünsten

Eine Pfanne mit hohem, geradem Rand und gut schließendem Deckel oder ein breiter, flacher Topf von etwa 25 cm Durchmesser und einer Tiefe von 7,5 cm sind am besten zum Dünsten von Gemüse geeignet.

Noch wichtiger als die Größe ist allerdings ein wirklich gut schließender Deckel. Gut abgedeckt, kann das Gemüse in wenig Flüssigkeit sanft gar dünsten, ohne dass zu viel Garsud verdampft. Dieser Garsud kann im Anschluss in eine leckere Sauce verwandelt werden.

Es gibt auch spezielle beschichtete Töpfe zum Dünsten und Schmoren. Ausgestattet mit zwei Griffen an den Seiten, lassen sie sich gut anheben und

bewegen. Beim Dünsten von voluminösem Gemüse wie geraspeltem Weißkohl ist auch ein emaillierter, gusseiserner Schmortopf geeignet, da er aufgrund des höheren Randes ein großes Fassungsvermögen besitzt. Ganz gleich, welchen Topf Sie nutzen, er sollte aus Edelstahl, Glas oder Emaille bestehen, damit die Hitze gleichmäßig weitergegeben werden kann und es zu keiner chemischen Reaktion mit säurehaltigen Zutaten wie Tomaten, Wein, Essig oder Säften kommt.

Sautieren & Pfannenrühren

Zum Sautieren ist eine (beschichtete) Bratpfanne am besten geeignet. Aufgrund der schrägen Pfannenwand lassen sich Gemüsestücke leicht schwenken und so ein Anhaften verhindern. Durch das Schwenken verträgt das Gargut zudem die starke Hitze besser.

Bratpfannen sind in zahlreichen Größen erhältlich, empfehlenswert sind eine kleinere mit etwa 25 cm Durchmesser und eine größere von 30–35 cm Durchmesser. Edelstahlpfannen oder beschichtete Pfannen sind eine gute Wahl, da sie nicht mit säurehaltigen Zutaten reagieren. Die guten alten Gusseisenpfannen sind zwar ofenfest (wenn kein Kunststoffgriff vorhanden ist) und gut zum Braten von Kartoffeln geeignet, für säurehaltige Zutaten sind sie allerdings nur zweckmäßig, wenn sie emailliert sind, da es ansonsten zu einer chemischen Reaktion kommen kann.

Zum Pfannenrühren eignet sich ein dünnwandiger Wok am besten, der sich schnell erhitzt und an dessen glatter Oberfläche sich die Wärme gleichmäßig verteilt. Aufgrund der hohen Seiten hat der Wok eine besonders große Garfläche, auf der sich das Gargut sehr gut hin und her bewegen lässt. Ein Wok kann auch durch eine große Pfanne ersetzt werden.

Rösten & Backen

Zum Rösten von Wurzelgemüse benötigen Sie einen möglichst dickwandigen, schweren Bräter, der die Hitze gut und gleichmäßig weitergibt. Der Bräter sollte zudem geräumig sein, damit die Gemüsestücke nebeneinanderliegen können. Andernfalls bräunen sie nicht gleichmäßig. Zum Rösten von Kartoffeln kann auch ein Backblech mit hohem Rand verwendet werden. Zum Backen oder Gratinieren von Gemüse sind flache Auflaufformen aus Keramik oder Glas sinnvoll, da sie Hitze gut speichern und auch als Servierschüssel einzusetzen sind. Auflaufformen gibt es in vielen Formen und Größen. Setzen Sie den Bräter oder die Form nach dem Backen auf ein Kuchengitter, so kühlt das Gericht schneller ab.

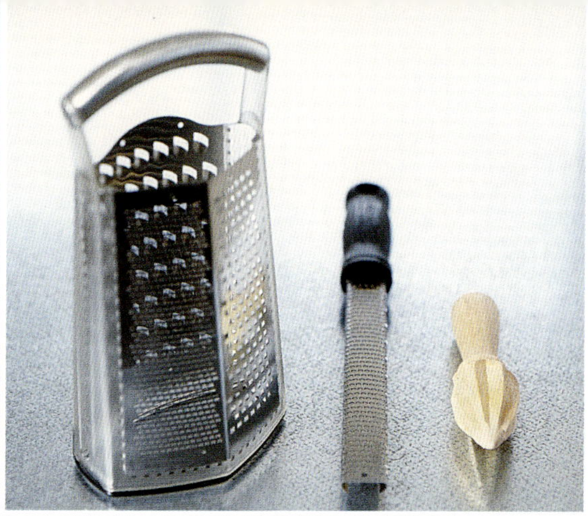

Messer & Schneidebretter

Runde Gemüsesorten lassen sich am besten mit einem Schälmesser schälen, das sich außerdem sehr gut für die Garprobe oder zum Feinhacken kleiner Zutaten wie Schalotten eignet. Ein Kochmesser dient zum Hacken und Schneiden. Mit einem Brotmesser lassen sich die harten Artischocken gut bearbeiten, während reife Tomaten möglichst mit einem gezahnten Tomatenmesser aufgeschnitten werden.

Am besten verwenden Sie ein Schneidebrett nur für Gemüse, ein zweites nur für rohes Fleisch und Geflügel und ein drittes nur für Obst. So lässt sich die Verbreitung von Bakterien vermeiden.

Sparschäler & Gemüsehobel

Um sich beim Schälen von Gemüse die Arbeit zu erleichtern, lohnt es sich, einen Sparschäler anzuschaffen. Damit lassen sich Karotten, Spargel usw. gleichmäßig abschälen. Achten Sie beim Kauf auf eine bewegliche Klinge, die der Kontur des Gemüses gut folgen kann.

Für ein Gratin lassen sich Kartoffeln am besten mit einem Gemüsehobel in gleichmäßig dünne Scheiben schneiden. Das spart Zeit und Kraft.

Reiben & Zitruspressen

Eine Vierkantreibe ist auf jeder Seite mit unterschiedlich großen Reiben versehen. Zum Reiben von Hartkäse, Zitrusschale und Muskatnüssen ist hingegen eine sehr feine kleine Reibe sinnvoll. Eine Zitruspresse aus Glas, Kunststoff oder Edelstahl oder ein hölzerner Presskegel helfen beim Auspressen von Zitrusfrüchten jeder Größe.

Rührschüsseln

Es ist ratsam, mehrere Glas-, Metall- oder Kunststoffschüsseln zum Verrühren von Zutaten griffbereit zu haben. In kleinen Schüsseln können zerkleinerte Zutaten zur Zubereitung bereitgestellt werden. Große Schüsseln dienen zum Wenden von Gemüse in Öl oder Gewürzen.

Messbecher & Küchenwaage

Mit einem Messbecher und einer Küchenwaage lassen sich die für ein Rezept erforderlichen Mengen problemlos abmessen bzw. abwiegen.

Küchenmaschine, Mühle & Mörser

Zum feinen Zerkleinern von Zutaten gibt es zahlreiche Hilfsmittel. Altbackenes Brot lässt sich in einer Küchenmaschine blitzschnell in Semmelbrösel verwandeln. Mit einer elektrischen Kaffee- oder

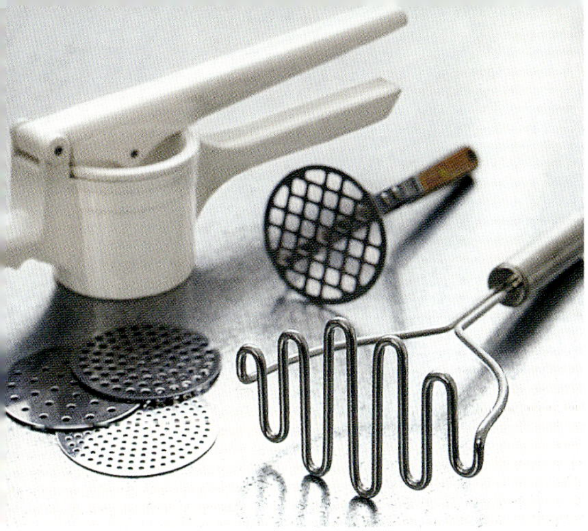

Gewürzmühle lassen sich Gewürzsamen leicht zermahlen. Auch per Hand, nämlich mit Mörser und Stößel, lassen sich Gewürze mahlen oder Pesto herstellen.

Geräte zum Stampfen

Für ein feines Kartoffelpüree ist nichts besser geeignet als eine Kartoffelpresse. In dieser Presse werden gekochte Kartoffeln (oder anderes Gemüse) durch einen gelöcherten Metalleinsatz gedrückt. Für ein etwas gröberes Püree reicht auch ein Kartoffelstampfer.

Löffel, Spatel & Schaumlöffel

Mit einem Holzlöffel lassen sich Saucen oder Massen gut verrühren. Mit vorn abgeflachten Löffeln lässt sich gut über den Topfboden kratzen, wodurch ein Ansetzen verhindert wird. Silikonspatel trotzen hohen Temperaturen und eignen sich ebenfalls gut zum Verrühren von heißen Zutaten. Gekochtes Gemüse lässt sich mit einem Schaumlöffel aus Metall am besten aus dem Kochwasser heben.

Durchschlag, Sieb & Salatschleuder

Verwenden Sie zum Waschen oder Abgießen von Gemüse immer einen Edelstahl-Durchschlag. In diesem lassen sich auch gesalzene Auberginen gut abtropfen. Mit einem feinmaschigen Sieb können Sandreste aus dem Einweichwasser von getrockneten Pilzen entfernt werden. Zum Säubern und Trocknen von grünem Blattgemüse eignet sich eine Salatschleuder hervorragend.

Küchenhandtücher & Co.

Beim Hantieren mit heißen Töpfen, Servierschüsseln oder Brätern sollte man seine Hände mit Topflappen schützen. Ein Küchentuch leistet gute Dienste, um feuchtes Gemüse wie gekochte grüne Bohnen trocken zu tupfen.

Weitere Küchenwerkzeuge

Um Gemüse beim Rösten zu wenden, eignet sich eine lange Küchenzange sehr gut. Das Zerkleinern von Schnittlauch geht mit einer Küchenschere am schnellsten. Zum Abbürsten von Kartoffeln benötigen Sie eine harte, für Pilze eine weiche Gemüsebürste.

Geschirr zum Servieren

Zum Servieren empfiehlt sich die Anschaffung hitzebeständiger Schüsseln und Platten. Sie können im Backofen angewärmt werden (siehe Seite 17) und halten dann das Gemüse beim Servieren schön warm. Das Muster des Geschirrs sollte zu der jeweiligen Speise passen.

Glossar

ARTISCHOCKE Die Blüte eines distelartigen Gewächses. Baby-Artischocken sind nicht etwa unreife Artischocken, sondern stammen von einer kleineren, langsam wachsenden Sorte. Artischocken sollten sich im Vergleich zur Größe schwer anfühlen und dicht geschlossene Blätter besitzen.

AUBERGINE Auch Eierfrucht genannte glänzende, dunkelviolette bis schwarze Strauchfrucht. Die asiatische Version der Aubergine ist schmaler und länger als ihre europäische Variante. Kaufen Sie feste, glänzende Auberginen.

BLUMENKOHL Milder, weißer Kohl mit hohem Vitamin-C-Gehalt, der meist in Röschen zerteilt gegart wird.

BOHNE, GRÜNE Die auch Gartenbohne genannte, mit der Hülse verzehrte Bohne besitzt ein mildes, grasartiges Aroma. Prinzessbohnen sind zarter als die grünen Bohnen. Haricots verts aus Frankreich sind meist stricknadeldünn, besitzen einen runden Querschnitt und keine Samen.

BROKKOLI Mit dem Blumenkohl verwandter, grüner Kohl, dessen Röschen aus noch nicht voll entwickelten Blütenständen bestehen. Er eignet sich gut zum Dämpfen und besitzt ein mildes bis kräftiges Aroma.

BUTTERMILCH Buttermilch besteht aus bei der Butterherstellung übriger Milchflüssigkeit, die mithilfe von Milchsäurebakterien in ein säuerliches, dickflüssiges Getränk verwandelt wird.

CAYENNEPFEFFER Scharfes Gewürzpulver aus getrockneten Cayenne-Chilies und anderen Chilisorten. Cayennepfeffer sparsam verwenden, um einem Gericht Schärfe zu verleihen.

CHICORÉE Knospen einer Rübe in Form von eng anliegenden schmalen, hellgrünen, länglichen Blättern. Chicorée hat einen leicht bitteren Geschmack und wird sowohl roh als auch gekocht verzehrt.

CHILIFLOCKEN Getrocknete und zerstoßene Chilies inklusive Kernen. Eine Prise verleiht einem Gericht etwas Schärfe.

CRÈME DOUBLE „Doppelrahm“ ist ein Sahneerzeugnis mit einem Fettgehalt von 40 % bis 55 %.

CRÈME FRAÎCHE Ein Saure-Sahne-Produkt mit einem Fettgehalt von mindestens 30 %. Im Gegensatz zu saurer Sahne flockt sie beim Einrühren in heiße Flüssigkeiten nicht aus.

CURRYPULVER Gelbes Gewürzpulver aus Kurkuma, Kreuzkümmel, Koriander, Bockshornklee, Pfeffer, Kardamom, Nelken und Ingwer. Erhältlich in milden und scharfen Varianten wie den indischen Madras-Curry.

ERBSEN Die Erbse gehört zur Familie der Hülsenfrüchte. Unterschieden werden Erbsen, die man mit der Hülse isst (Zuckererbsen) und solche, die gepalt (geschält) werden müssen. Achten Sie in beiden Fällen auf intakte, glatte, knackige Hülsen.

Frische Erbsen Kaufen Sie sie auf dem Markt und achten Sie darauf, dass die Erbsen ebenso kräftig in der Farbe sind wie die Hülsen. Leicht gelbe Erbsen und weiche Hülsen sind ein Zeichen dafür, dass die Erbsen schon mehlig werden.

Zuckererbsen Auch Zucker- oder Kaiserschoten genannte Erbsen, die mitsamt der Hülse gegessen werden.

ESSIG Essige werden aus alkoholischen Flüssigkeiten, Fruchtsäften oder auch Reis hergestellt.

Apfelessig Ein aus Apfelwein fermentierter Essig mit fruchtig-säuerlichem Aroma. Apfelessig soll auch bei der Gewichtsreduktion helfen.

Balsamico-Essig Italienischer Essig, der aus dem unfermentierten Saft weißer Trebbiano-Trauben gewonnen wird und teilweise bis zu 75 Jahre reift. Im Laufe der Jahre verdunstet der Essig und wird immer konzentrierter und süßer.

Reisessig Wird aus fermentierten Reiskörnern hergestellt und verleiht Gerichten eine milde Säure. Er stammt aus Japan und wird dort meist zum Würzen von Sushi-Reis verwendet.

Rotweinessig Er entsteht durch Fermentation von Rotwein. Halten Sie beim Kauf Ausschau nach altem Essig, der lange gelagert wurde, denn dieser ist geschmacklich hochwertiger.

Sherryessig Vollmundiger spanischer Essig mit einem nussigen Aroma.

FENCHELKNOLLE Die Stiele des Fenchels sind am Ansatz sehr dick und bilden eine Art Knolle. An der weißen Knolle sitzen mehrere grüne Stiele mit fedrigem Fenchelkraut an den Spitzen. Fenchel zeichnet sich durch ein süßliches Anisaroma aus.

GEWÜRZNELKE Nagelförmige, getrocknete Blütenknospen eines immergrünen Tropenbaums mit intensivem, süßlichen Duft und leichter Pfeffernote.

GRÜNKOHL Auch Krauskohl oder Braunkohl genannter Kohl mit grünen, kraus gewellten, länglichen Blättern, die ein wenig an Palmblätter erinnern.

HÜHNERBRÜHE Eine aromatische Flüssigkeit, die durch langes Köcheln eines Huhns in mit Suppengemüse und Kräutern angereichertem Wasser entsteht. Am besten schmeckt selbst gemachte Brühe, die in kleinen Portionen eingefroren werden kann. Außerdem ist Brühe in gekörnter Form oder als Fond aus dem Glas erhältlich. Diese Varianten sind jedoch meist salzhaltiger als selbst gemachte Brühe. Achten Sie beim Kauf auf salzarme Produkte und salzen Sie diese wenn nötig nach.

INGWER Das zitronig-scharfe Aroma des Ingwers verleiht Speisen eine frische Note. Obwohl oft als Wurzel bezeichnet, handelt es sich bei Ingwer um ein Rhizom, ein unterirdisches Sprossachsensystem. Wählen Sie beim Kauf feste Knollen mit einer glatten, unbeschädigten Schale aus.

KAPERN Eingelegte Blütenknospen des Echten Kapernstrauchs, der im Mittelmeerraum beheimatet ist. Meist werden Kapern in Essig, Salzlake oder Meersalz eingelegt und sollten vor der Verwendung abgespült werden.

KARTOFFELN Aufgrund ihrer Kocheigenschaften werden sie in festkochende, vorwiegend festkochende und mehlig kochende Sorten unterteilt. Je mehliger die Kartoffeln, desto mehr Stärke enthalten sie und desto besser sind sie für Püree geeignet. Festkochende Kartoffeln wie Nicola, Sieglinde und Sigma sowie vorwiegend festkochende Sorten wie Yukon Gold hingegen sind ideal zum Kochen und Braten.

Drillinge Kleine runde, festkochende Kartoffeln mit einem Durchmesser von etwa 25–40 mm.

Neue Kartoffeln Auch als Frühkartoffeln bezeichnete Sorten, die vor dem 1. August geerntet werden. Sie besitzen eine dünne, papierartige Schale und sollten nicht lange gelagert werden.

Rote Kartoffeln Unter der roten Schale verbirgt sich meist weißes oder gelbes Fleisch. Die Konsistenz ist fest und saftig.

Yukon Gold Kartoffeln mit dünner, gelber Schale und einem goldgelben, feinkörnigen, buttrigen Fleisch. Die aus Kanada stammende, vorwiegend festkochende Kartoffelsorte ist inzwischen auch in Deutschland sehr verbreitet.

KÄSE Sei es als Garnierung für ein Nudelgericht, zum Binden einer Füllung oder zum Überbacken eines Gratins – Käse spielt in Gemüsegerichten eine große Rolle. Den Käse am besten immer erst kurz vor der Verwendung reiben oder raspeln, damit das Aroma nicht verfliegt.

Frischer Ziegenkäse Aus Ziegenmilch hergestellter, frischer Käse mit einem mildwürzigen Aroma, der in krümeliger Form oder als streichbarer Käse angeboten wird.

Gruyère Ein harter Kuhmilchkäse aus der Schweiz und Frankreich, der wegen seinem mild-nussigen Geschmack und seiner sehr guten Schmelzeigenschaften geschätzt wird.

Mozzarella Der milde, cremige Käse in Kugelform wird aus Kuhmilch oder Büffelmilch hergestellt. Wenn möglich, frischen Mozzarella aus dem Käsegeschäft kaufen und auf die in Plastikbeuteln verpackte Supermarktvariante verzichten.

Parmesan Ein gereifter Hartkäse aus Rohkuhmilch mit nussigem Aroma, intensivem Duft und einer nach längerer Lagerung bröckeligen Konsistenz. Nur in der italienischen Region Parma hergestellter Parmesan darf die Bezeichnung „Parmigiano Reggiano“ tragen.

Pecorino Ein salziger italienischer Hartkäse aus Schafsmilch mit körniger Struktur, der vornehmlich zum Gratinieren verwendet wird.

KORIANDER, GEMAHLEN Dieses aus den getrockneten Samen von frischem Koriander hergestellte Gewürz verströmt ein exotisches Aroma. Der Geschmack ähnelt einer Mischung aus Zitrone, Salbei und Kümmel.

KRÄUTER Frische Kräuter sind überaus gut geeignet, um Speisen den letzten Pfiff zu verleihen. Auch getrocknete Kräuter werden oft verwendet, mit der frischen Variante schmeckt es allerdings unvergleichlich viel besser.

Basilikum Im Mittelmeerraum und in Südostasien verwendete Gewürzpflanze mit einem pfeffrig-süßen Geschmack.

Estragon Dieses Küchenkraut mit den schmalen, dunkelgrünen Blättern hat einen mild-scharfen, anisähnlichen Geschmack und ist besonders in Frankreich beliebt.

Kerbel Eine zarte Gewürzpflanze mit einem an Petersilie und Anis erinnernden Geschmack.

Koriander Vor allem im orientalischen und asiatischen Raum verwendetes Kraut mit einem intensiven, moschusartigen Aroma.

Lorbeerblatt Die aromatischen Blätter des Echten Lorbeers besitzen ein leicht süßliches, nussig-zitroniges Aroma und werden oft zum Würzen von Saucen und Suppen verwendet. Im Allgemeinen werden sie getrocknet angeboten.

Majoran Aus dem Mittelmeerraum stammendes Kraut mit einem etwas milderen, süßlicheren Aroma als sein Verwandter, der Oregano. Wird frisch oder getrocknet verwendet.

Minze Sehr aromatische Gewürzpflanze, die in vielen verschiedenen Sorten vorkommt.

Oregano Eins der wenigen Küchenkräuter, das auch getrocknet sein Aroma behält. Er ist auch als Wilder Majoran oder Dost bekannt und äußerst geschmacksintensiv.

Petersilie, glatte Die glatte Form der Petersilie gilt als wohlschmeckender als ihre krause Schwester.

Rosmarin Die festen, nadelförmigen Blätter des Rosmarinstrauchs besitzen ein äußerst intensives Aroma.

Salbei Seine weichen, graugrünen Blätter sind äußerst aromatisch und besitzen Schärfe sowie leichte Süße. Frisch verzehrt schmecken sie am besten.

Schnittlauch Diese schmalen, hohlen, grasartigen Blätter verleihen Speisen ein leichtes Zwiebelaroma, ohne die Schärfe einer Zwiebel.

Thymian Die kleinen grünen Blätter des Thymians verströmen ein mildes bis kräftiges blumig-erdiges Aroma. Thymian kann frisch oder getrocknet verwendet werden.

KREUZKÜMMEL Auch Kumin genanntes Gewürz aus den getrockneten Samen eines asiatischen, mit Petersilie verwandten Gewächses.

KÜRBIS Der im Herbst geerntete große Bruder der Zucchini besitzt eine recht dicke, feste Schale und wird in verschiedensten Formen und Farben angeboten. Sein festes Fruchtfleisch ist besonders zum Dämpfen und Backen geeignet und wird dabei zart und süß.

Butternuss Dieser birnenförmige Kürbis aus den USA hat eine beigefarbene Schale, orangegelbes Fruchtfleisch, ein nussiges Aroma und eine butterähnliche, cremige Konsistenz. Sein Kerngehäuse ist recht klein, deshalb ist der Anteil an Fruchtfleisch sehr hoch.

Delicata Dieser längliche, gestreifte Kürbis ist etwa 18 cm lang und 250 g schwer. Wie der Name schon sagt, ist sein Fruchtfleisch von ausgezeichneter, feiner Qualität.

Hokkaido Der aus Japan stammende Kürbis ist recht klein und kugelförmig. Die orangerote Schale kann im Gegensatz zu anderen Kürbissorten mitverzehrt werden.

MANGOLD Ein im Geschmack an Spinat erinnerndes grünes Blattgemüse mit großen, leicht gewellten Blättern an fleischigen, gerippten Stielen.

MEERSALZ Wird ganz natürlich durch Verdunstung von Meerwasser gewonnen und ist in feiner oder grober Körnung sowie in Flockenform erhältlich. Der Geschmack hängt von der Gegend ab, in der das Salz gewonnen wird. Meersalz löst sich schneller auf als gewöhnliches Tafelsalz.

MIRIN Süßer japanischer Reiswein, der nur zum Würzen verwendet wird und aus Maissirup, Wasser, Fruktose, Alkohol und Zitronensäure besteht.

MUSKATBLÜTE Auch Mazis genannter Samenmantel des Muskatnussbaums, der getrocknet erhältlich ist und ein wenig intensiver schmeckt als die Muskatnuss.

ÖL Speiseöle spielen in der Küche eine wichtige Rolle. Die Wahl des passenden Öls hängt von der Gartemperatur und von den Rezeptzutaten ab. Generell sollten zum Würzen oder für Dressings wenig verarbeitete Öle und zum Braten neutralere Öle verwendet werden.

Erdnussöl Ein sehr hoch erhitzbares, aus Erdnüssen gepresstes Öl, das oft zum Braten im Wok eingesetzt wird.

Olivenöl Als eine der wichtigsten Zutaten in der mediterranen Küche verleiht Olivenöl Speisen einen zart-fruchtigen Geschmack. Das hochwertige native Olivenöl extra (Güteklasse I) wird aus erster Pressung hergestellt und kalt, ohne Wärmeeinwirkung oder chemische Behandlung, gepresst. Natives Olivenöl extra weist einen Säuregehalt von maximal einem Prozent auf, während der Säuregehalt von nativem Olivenöl (Güteklasse II) bei höchstens zwei Prozent liegt. Einfaches Olivenöl gehört zur Güteklasse IV und ist eine Mischung aus raffiniertem und kalt gepresstem Olivenöl. Hochwertige Olivenöle sollten kalt genossen werden, andere eignen sich gut zum Braten.

Rapsöl Dieses neutrale Öl zeichnet sich durch einen hohen Anteil an ungesättigten Fettsäuren aus und eignet sich sehr gut zum Braten.

Sesamöl Dieses oft in der asiatischen Küche verwendete Öl wird aus gerösteter Sesamsaat gewonnen, ist bernsteinfarben und besitzt ein volles, nussiges Aroma. Dieses Öl sollte nur sparsam zum Würzen eingesetzt werden.

Traubenkernöl Wird aus Weintraubenkernen gewonnen und ist mild im Geschmack. Es lässt sich sehr stark erhitzen, ohne zu verbrennen.

PAK CHOI Der auch als Pok Choi, Bok Choi oder Senfkohl bekannte Verwandte des Chinakohls liegt geschmacklich zwischen Sellerie und Kohl. Beim Reinigen besonders auf die Blattansätze achten, denn zwischen den Stielen kann noch Sand stecken.

PAPRIKA Die Früchte eines Nachtschattengewächses werden rot, grün, gelb oder orangefarben angeboten. Grüne Paprika werden noch unreif geerntet, haben ein intensives Aroma und reifen nach der Ernte nicht mehr nach. Rote Paprika sind ausgereifte und damit auch süßere grüne Paprika. Weitere Farben stammen von anderen Sorten. Beim Kauf feste Früchte mit intakter Haut auswählen.

PAPRIKAPULVER Ein aus getrockneter Paprika gewonnenes orangerotes Pulver, das ursprünglich aus Ungarn stammt. Es wird in den Varianten „edelsüß" (mild) oder „Rosenpaprika" (scharf) angeboten.

PASTINAKE Eine Verwandte der Karotte. Dieses elfenbeinfarbene Wurzelgemüse hat ein süßliches Aroma und eine feste, leicht mehlige Struktur, die beim Kochen verschwindet.

PILZE Weltweit wachsen Tausende verschiedener Pilzsorten, von denen jedoch nur ein Bruchteil essbar ist. Ihr besonderes, erdiges Aroma ist unvergleichlich. Hier einige der bekanntesten Sorten:

Austernpilz Cremefarbener bis grauer, büschelweise wachsender Pilz mit einem milden Aroma. Achten Sie beim Kauf auf kleine, junge Pilze, da ältere Exemplare bitterer sind.

Champignon Kleiner, rundlicher Zuchtpilz mit kurzem, dickem Stiel, der weiß oder braun angeboten wird.

Morchel Ein Wildpilz mit intensivem Moschusgeschmack, einem länglichen, schwammartigen Hut und einem hohlen Stiel. Morcheln werden auch getrocknet verwendet.

Riesenchampignon Ein gut zum Füllen geeigneter, auch Portobello genannter Champignon mit sehr großem Hut und braunen Lamellen.

Steinpilz Dieser schmackhafte Röhrenpilz duftet herrlich nach Wald und besitzt einen sehr feinen Geschmack. Frisch findet man ihn nur selten, doch getrocknete Steinpilze sind eine gute Alternative.

PINIENKERNE Pinienkerne sind die geschälten Samen aus den Zapfen der Pinie. Sie sind schmal, länglich, hellgelb und fettreich und besitzen ein süßliches, harzartiges Aroma.

POLENTA Grob gemahlenes Maismehl, das in Wasser oder Brühe gekocht zu einem weichen Brei wird.

PORREE Auch als Lauch bekannte Pflanze aus der Familie der Lauchgewächse mit langen, zylindrisch gefalteten Blättern, die am Wurzelende weiß und oben grün sind.

ROSENKOHL In kleinen Röschen an einem hochwüchsigen Stängel wachsende Kohlsorte. Rosenkohl weist eng anliegende Knospenblätter mit weißer bis grüner Färbung auf.

ROTE BETE Die auch Rote Rübe genannte Rote Bete ist mit Zuckerrübe und Mangold verwandt und besitzt neben der tiefroten Farbe ein süß-erdiges Aroma. Manchmal sind auch gelbe, weiße oder gestreifte (Chioggia-Bete) im Handel. Beim Kauf auf feste Rüben mit glatter, unbeschädigter Schale achten. Frische Bete sollten beim Kauf noch mit Grün und etwa 2,5–5 cm langen Wurzeln ausgestattet sein.

ROTKOHL Auch Rotkraut oder Blaukraut genannter Kohlkopf mit recht dicken, violetten Blättern und einem leicht pfeffrigen Geschmack.

RÜBSTIEL Auch als Stielmus, Wildbrokkoli, Stängelkohl oder Rübenkohl bekannte Blätter der Mairübe. Leicht bitter im Geschmack, hat es dunkelgrüne, gezackte

Blätter, dünne Stiele und kleine Blütenknospen. Vor der Zubereitung müssen holzige Stiele und verwelkte Blätter aussortiert werden.

SAMEN Die Samen von Gewürzpflanzen spielen in der Küche eine große Rolle. Ganz gleich, ob im Ganzen oder frisch gemahlen, bereichern sie Gerichte mit Biss und Aroma.

Fenchel Die länglichen, gestreiften Samen des Fenchels haben einen anisähnlichen Geschmack.

Kümmel Mit Petersilie verwandte Gewürzpflanze mit Samen, die sehr aromatisch sind und in Brot oder Zwiebelkuchen Verwendung finden.

Sesam Die Saat der Sesampflanze ist entweder cremefarben oder schwarz. Sesam wird vor der Verwendung oft geröstet.

SCHALOTTEN Die kleinen Verwandten der Zwiebeln bilden ähnlich wie Knoblauch Zehen aus und sind von einer hauchdünnen rötlichen Schale umgeben. Ihr Fleisch ist weiß mit roten Partien und deutlich milder als das der Hauszwiebel.

SCHWARZKOHL Auch Palmkohl, toskanischer Kohl oder italienischer Kohl genannte Kohlsorte mit dunkelgrünen, aber nicht schwarzen Blättern. Die faltigen Blätter besitzen ein herzhaftes, kräftiges Aroma und behalten beim Kochen ihre Struktur.

SELLERIEKNOLLE Eine im Herbst geerntete Knollenfrucht mit würzigem, leicht süßlichem Aroma und festem, weißem Fruchtfleisch. Am besten mittelgroße Knollen kaufen, die sich schwer anfühlen und keine Druckstellen aufweisen.

SEMMELBRÖSEL, FRISCHE Fein zerbröseltes altbackenes Brot eignet sich sehr gut, um Gemüsegerichten beim Backen eine knusprige Kruste zu verleihen. Eine ausführliche Anleitung zur Herstellung von Semmelbröseln finden Sie auf Seite 37.

SENF Paste aus gemahlenen Senfkörnern, Wasser und Essig. Dieses Grundrezept wurde in aller Welt modifiziert und um neue Geschmacksrichtungen erweitert.

Dijon-Senf Scharfer Senf aus Dijon, der mit Most aus unreifen Trauben angerührt wird.

Grober Senf Hier werden die Senfkörner nur grob gemahlen, was dem Senf eine körnige Struktur verleiht.

SHERRY, TROCKEN Spanischer Likörwein, der in der Küche oft Verwendung findet. Er hat ein sanftes, nussiges Aroma.

SPARGEL In Weiß oder Grün erhältliche junge Triebe der Spargelpflanze. In diesem Buch wird nur grüner Spargel verarbeitet (siehe Seite 89). Achten Sie beim Kauf auf gerade Stangen mit fest geschlossenen Spitzen.

SPEISERÜBE Mit der Steckrübe verwandtes Wurzelgemüse mit weißem Fruchtfleisch und violetter Schale mit weißer Spitze. Junge Speiserüben sind zart und besitzen ein mild-süßliches Aroma. Mit zunehmender Reife wird der Geschmack kräftiger und das Fleisch holziger.

STECKRÜBE Das auch Kohlrübe genannte Gemüse ist eine Unterart des Raps. Die Steckrübe ähnelt einer überdimensionierten Speiserübe und ist mit dieser auch nah verwandt. Steckrüben haben eine grüne bis gelbliche oder rötliche dicke Schale und weißliches bis gelbes Fleisch. Bezeichnend ist ihr an Kohl erinnernder Geschmack.

SÜSSKARTOFFEL Auch Batate genannte Knollenfrucht mit rötlicher Schale, orangefarbenem Fruchtfleisch und süßlichem Geschmack. Achten Sie beim Kauf auf Exemplare ohne Druckstellen oder Risse.

WACHSBOHNEN Lange, dünne, mit Hülse verzehrte hellgelbe Bohnen, die grünen Bohnen sehr ähnlich sind.

WEISSER PFEFFER Weißer Pfeffer wird aus vollreifen Pfefferkörnern gewonnen. Durch Einweichen in Wasser löst sich die Schale, erst dann werden die Körner getrocknet. Er ist nicht sonderlich aromatisch und viel milder als schwarzer Pfeffer. Meist wird er in hellen Speisen eingesetzt.

WEISSKOHL Auch Kappes oder Kraut genannter Kohlkopf mit dunkel- bis hellgrünen Blättern. Am besten feste, schwere Kohlköpfe mit eng anliegenden Blättern kaufen.

WEISSWEIN Die Zugabe von Weißwein verleiht Gerichten viel Geschmack und eine leichte Säure. Beinahe jeder Weißwein eignet sich zum Kochen, Sauvignon Blanc oder auch Pinot Grigio seien hier besonders empfohlen.

WIRSING Kohlkopf mit kraus gewellten, dunkel- bis hellgrünen Blättern. Er ist zarter als andere Kohlsorten und hat einen feinen Geschmack.

ZITRUSSCHALE Die äußere, farbige Schale von Zitrusfrüchten kann abgerieben und zum Würzen von Speisen verwendet werden. Die direkt darunterliegende, bittere weiße Innenschale sollte nicht mit abgerieben werden. Da sich gerade in der Schale Pestizide konzentrieren, sollten zum Abreiben immer unbehandelte Zitrusfrüchte verwendet werden.

ZUCCHINI Sie gehört zur Familie der Kürbisse, wird im Sommer geerntet und in den Farben Grün und Gelb angeboten. Die langen, schmalen Früchte sind ebenso essbar wie die Zucchiniblüte.

ZWIEBEL Sie gehört zur Familie der Lauchgewächse (wie Porree und Knoblauch) und findet in fast jedem Gericht Verwendung.

Frühlingszwiebel Auch als Lauch- oder Winterzwiebel bekannte, äußerlich an Porree erinnernde Zwiebel mit schmalen, hohlen, grünen Blättern und einem weißen unteren Teil. Sie hat ein mildes Aroma und kann auch roh verzehrt werden. Es werden auch rote Frühlingszwiebeln angeboten.

Hauszwiebel Die gewöhnliche Zwiebel, die in rohem Zustand sehr scharf ist, durch Braten allerdings mild und süß wird.

Perlzwiebeln oder kleine weiße Zwiebeln Sie sind süßer als die normalen Hauszwiebeln, haben eine papierartige Schale, und ihr Durchmesser beträgt nur etwa 2,5 cm. Sie fallen beim Kochen nicht so leicht auseinander.

Rote Zwiebel Sehr mild im Geschmack und zeichnet sich durch eine rote bis violette Färbung aus.

Register

T

W

Z

Umschlaggestaltung: Atelier Versen, Bad Aibling
Übersetzung des englischsprachigen Originals: Melanie Schirdewahn, Köln
Lektorat der deutschen Übersetzung: Wiebke Pilz, Köln

Redaktionsleitung: Anja Halveland

Fotos: Tucker & Hossler, außer:
Bill Bettencourt S. 32, S. 33 (Schneiden einer Chili), S. 36 (Rösten von Nüssen und Samen),
S. 37 (Schneiden des Schinkens)
Mark Thomas S. 30, S. 31, S. 38 (zum Thema Zitrone)

Satz und Realisation: trans texas publishing, Köln

Druck: Mohn Media Mohndruck GmbH, Gütersloh

Printed in Germany

FSC
Mix
Produktgruppe aus vorbildlich bewirtschafteten Wäldern und anderen kontrollierten Herkünften
www.fsc.org Zert.-Nr. SGS-COC-001425
© 1996 Forest Stewardship Council

Verlagsgruppe Random House FSC-DEU-0100
Das für diesen Titel verwendete FSC-zertifizierte Papier *Allegro halbmatt*
wurde produziert von Sappi Biberist und geliefert durch Berberich.

817 2635 4453 6271